Umschlaggestaltung: DSR Werbeagentur Rypka GmbH, 8143 Dobl/Graz, www.rypka.at

Titel der französischen Originalausgabe: Gravity Cakes © by Hachette Livre (Hachette Pratique) 2015;
Rezepte und Realisierung: Sally François; Fotos (inkl. Covervorder- und -rückseite): Joanna Lacaze;
Styling: Justine Gaillard

Aus dem Französischen ins Deutsche übertragen von Johanna Steigenberger MA

Bibliografische Information der Deutschen Nationalbibliothek
Die Deutsche Nationalbibliothek verzeichnet diese Publikation in der Deutschen Nationalbibliografie; detaillierte bibliografische Daten sind im Internet über http://dnb.d-nb.de abrufbar.

Hinweis:
Dieses Buch wurde auf chlorfrei gebleichtem Papier gedruckt. Die zum Schutz vor Verschmutzung verwendete Einschweißfolie ist aus Polyethylen chlor- und schwefelfrei hergestellt. Diese umweltfreundliche Folie verhält sich grundwasserneutral, ist voll recyclingfähig und verbrennt in Müllverbrennungsanlagen völlig ungiftig.

Auf Wunsch senden wir Ihnen gerne kostenlos unser Verlagsverzeichnis zu:
Leopold Stocker Verlag GmbH
Hofgasse 5/Postfach 438
A-8011 Graz
Tel.: +43 (0)316/82 16 36
Fax: +43 (0)316/83 56 12
E-Mail: stocker-verlag@stocker-verlag.com
www.stocker-verlag.com

ISBN 978-3-7020-1600-5

Layout und Repro: DSR Werbeagentur Rypka GmbH, 8143 Dobl/Graz, www.rypka.at
Druck: Druckerei Theiss GmbH, 9431 St. Stefan

Schwebekuchen

FASZINIERENDE GRAVITY-CAKES SELBST GESTALTEN

REZEPTE UND REALISIERUNG: SALLY FRANÇOIS

FOTOS: JOANNA LACAZE

STYLING: JUSTINE GAILLARD

LEOPOLD STOCKER VERLAG
Graz – Stuttgart

Inhalt

Einleitung

Süßes zum Staunen – auf Geburtstagen, Familienfesten oder bei Partys unter Freunden sind die originellen Schwebekuchen ein wahres Highlight. Mit kreativen Ideen und dem richtigen Werkzeug können Sie Ihren Kuchen die unterschiedlichsten Formen geben. Für manche brauchen Sie nur ein Stäbchen aus Kunststoff, andere benötigen aufwendigere Halterungen, deren Herstellung wir Ihnen genau erklären werden.

Für ein perfektes Gelingen werden wir Ihnen zu Beginn dieses Buches einige Basisanleitungen geben. Wenn Sie Ihre Kuchen aber lieber nach gewohnten Rezepten zubereiten, zögern Sie nicht – jeder Teig kann als Grundlage dienen. Dasselbe gilt übrigens auch für die Füllungen: Ob Buttercreme, Fruchtaufstrich oder Ganache – erlaubt ist, was gefällt ... und schmeckt!

Und das Wichtigste: Lassen Sie Ihrer Kreativität freien Lauf und haben Sie Spaß in der Küche – denn wer mit Freude bäckt, dem wird jeder Kuchen gelingen!

Hausgemachter Fondant

Arbeitszeit: 10 Min. • Kochzeit: 2 Min. • Haltbarkeit: 6 Wochen • Einfach

Zutaten

500 g Puderzucker
300 g Marshmallows
2 EL Wasser (1 EL = 15 ml)

Tipp

In Kunststofffolie gewickelt bleibt Fondant im Kühlschrank einige Wochen haltbar. Bereiten Sie also ruhig auch größere Mengen zu, damit Sie bei Bedarf immer genug davon zur Hand haben. Wenn Sie den Fondant färben möchten, dann verwenden Sie dafür Lebensmittelfarbe in Gelform. Damit die Masse nicht klebt, streuen Sie vor der Weiterverarbeitung Puderzucker auf die Arbeitsfläche und bestauben Sie damit Ihre Teigrolle.

Zubereitung

1. Sieben Sie den Puderzucker in eine Schale. Geben Sie 100 g davon zur Seite.

2. Lassen Sie die Marshmallows in einer Schale gemeinsam mit 2 EL Wasser 1 Min. lang in der Mikrowelle schmelzen. Rühren Sie kurz um und stellen Sie die Mischung dann noch einmal 1–2 Min. in die Mikrowelle. Entnehmen Sie die Schale und rühren Sie mit einem Holzspachtel gut durch. Mengen Sie nach und nach den Puderzucker bei.

3. Verteilen Sie die übrigen 100 g Puderzucker auf der Arbeitsfläche, kippen Sie die Marshmallow-Zucker-Mischung darauf und beginnen Sie die Masse mit der Hand zu bearbeiten, sodass nach und nach eine Kugel entsteht. Sobald die Masse nicht mehr an Ihren Fingern kleben bleibt, ist sie bereit für die Verarbeitung. Wickeln Sie die Kugel gut in Kunststofffolie ein, da sie andernfalls sehr schnell austrocknet.

Buttercreme

Arbeitszeit: 10 Min. • Einfach

Zutaten

500 g Butter, erweicht
2 TL Vanilleextrakt (1 TL = 5 ml)
750–800 g Puderzucker
4–5 EL Milch oder flüssige Sahne
Lebensmittelfarbe nach Belieben

Material

Handmixer

Tipp

Für Schokoladenbuttercreme mengen Sie noch 70 g Kakaopulver (oder 100 g zerlassene Zartbitterschokolade) bei.

Zubereitung

1. Gießen Sie die erweichte Butter in eine Schüssel und schlagen Sie sie mit einem Handmixer, einer Küchenmaschine mit Schlagaufsatz oder mit einem Holzspachtel so lange, bis sie weiß und cremig wird. Geben Sie zunächst den Vanilleextrakt (und nach Belieben Lebensmittelfarbe) und anschließend nach und nach (nicht mehr als eine Tasse auf einmal) den Puderzucker bei. Verrühren Sie alles sorgfältig.

2. Geben Sie löffelweise die Milch zu. Rühren Sie 2 Min. lang in schnellem Tempo um, bis eine cremig-leichte Masse entsteht.

3. Soll die Mischung fester werden, so mengen Sie nach und nach, in Einheiten zu je 25 g, Puderzucker bei. Für mehr Geschmeidigkeit rühren Sie löffelweise flüssige Sahne oder Milch ein, bis die gewünschte Konsistenz erreicht ist.

4. Wenn Sie die Buttercreme nicht sofort verwenden, stellen Sie sie inzwischen in den Kühlschrank.

Chiffon-Kuchen

Arbeitszeit : 20 Min. • Backzeit : 1 h • Einfach

Zutaten

Für einen Kuchen mit 15 cm Durchmesser

105 g Mehl
93 g Zucker
½ Packung Backpulver
2 g Salz
3 Eier
70 ml Öl
70 ml Orangen-, Zitronen- oder Beerensaft

Für einen Kuchen mit 20 cm Durchmesser

185 g Mehl
165 g Zucker
1 Packung Backpulver
2 g Salz
5 Eier
120 ml Öl
120 ml Orangen-, Zitronen- oder Beerensaft

Für einen Kuchen mit 25 cm Durchmesser

210 g Mehl
185 g Zucker
1 Packung Backpulver
2 g Salz
6 Eier
140 ml Öl
140 ml Orangen-, Zitronen- oder Beerensaft

Für einen Kuchen mit 30 cm Durchmesser

280 g Mehl
250 g Zucker
1 Packung Backpulver
3 g Salz
8 Eier
180 ml Öl
180 ml Orangen-, Zitronen- oder Beerensaft

Zubereitung

1. Legen Sie die Form mit dem Durchmesser Ihrer Wahl mit Backpapier aus. Heizen Sie das Backrohr auf 180 °C vor.

2. Sieben und vermengen Sie Mehl, Zucker, Backpulver und Salz. Trennen Sie Eigelb von Eiweiß. Verrühren Sie in einer anderen Schüssel Eigelb, Öl und Fruchtsaft.

3. Mischen Sie die trockenen unter die feuchten Zutaten. Verrühren Sie die Masse 2-3 Min. lang mit einem Schneebesen oder Handmixer.

4. Schlagen Sie das Eiweiß zu steifem Schnee und heben Sie diesen vorsichtig unter die Masse. Gießen Sie den Teig in die mit Backpapier ausgelegte Form. Backen Sie den Kuchen 1 h im Backrohr.

5. Lassen Sie den Kuchen 15 Min. auskühlen, bevor Sie ihn aus der Form nehmen. Lösen Sie das Backpapier vom Kuchen. Drehen Sie den Kuchen um und lassen Sie ihn geschützt vor Zugluft und Feuchtigkeit auf einem Gitter auskühlen.

Schokoladenkuchen

Arbeitszeit: 20 Min. • Backzeit: 1 h • Einfach

Zutaten

200 g Butter
200 g Zartbitterschokolade
200 g Mehl
1 Packung Backpulver (11 g)
4 Eier
200 g Zucker

Zubereitung

1. Heizen Sie das Backrohr auf 180 °C vor. Bringen Sie Butter und Schokolade im Wasserbad oder in der Mikrowelle zum Schmelzen.

2. Sieben und vermengen Sie Mehl und Backpulver.

3. Verrühren Sie in einer Schüssel Eigelb und Zucker. Geben Sie zuerst die zerlassene Schokolade, dann das Mehl bei. Schlagen Sie das Eiweiß zu Schnee und heben Sie diesen vorsichtig unter die Masse.

4. Gießen Sie den Teig in eine befettete oder mit Backpapier ausgelegte Kuchenform. Geben Sie ihn für 1 h ins Backrohr. Achten Sie genau auf die Backzeit – ein zu lange gebackener Kuchen wird trocken und krümelig.

5. Lassen Sie den Kuchen in der Form auskühlen und stürzen Sie ihn, wenn Sie mit dem Dekorieren beginnen möchten.

Schokoladenganache

Zubereitung: 10 Min. • Kochzeit: 2 Min. • Wartezeit: 10 Min. • Einfach

Zutaten

200 g Zartbitterschokolade
200 ml flüssige Sahne, voller Fettgehalt

Tipp

Idealerweise lassen Sie die Ganache bei Raumtemperatur auskühlen, am besten über Nacht. So erhält sie die Konsistenz einer Tortencreme, lässt sich einfacher verstreichen und trocknet schneller.

Zubereitung

1. Zerhacken Sie die Schokolade und geben Sie sie in eine Schüssel. Bringen Sie die Sahne in einem Topf zum Kochen.

2. Gießen Sie die kochende Sahne über die Schokolade und rühren Sie mit einem Spachtel um, sodass diese schmilzt.

3. Stellen Sie die Mischung vor ihrer Verwendung mindestens 10 Min. lang an einen kühlen Platz.

Schokoladenguss

Arbeitszeit: 10 Min.

Zutaten

200 g Dessertschokolade, zartbitter
120 g Butter
150 g Puderzucker, gesiebt
50 ml Halbfettmilch

Zubereitung

1. Bringen Sie alle Zutaten zusammen in einem Kochtopf bei schwacher Hitze zum Schmelzen. Rühren Sie gut um, sodass eine homogene Masse entsteht und nichts anbrennt.

2. Lassen Sie den Guss auskühlen, bevor Sie ihn auf den Kuchen gießen.

Zuckerguss

Arbeitszeit: 10 Min. • Einfach

Zutaten

3 Eiweiß
1 TL Vanilleextrakt
500 g Puderzucker
Saft aus 1 Zitrone
Lebensmittelfarbe (nach Belieben)

Material

Handmixer

Tipp

Wenn Sie den Zuckerguss nicht sofort verwenden, decken Sie die Schüssel mit einem feuchten Tuch ab, damit er nicht austrocknet.

Zubereitung

1. Schlagen Sie Eiweiß und Vanilleextrakt mit dem Handmixer, mengen Sie nach und nach den Puderzucker bei. Rühren Sie ca. 5–7 Min. lang, sodass eine glatte, glänzende Creme entsteht.

2. Geben Sie den Zitronensaft zu. Die Creme erhält damit eine ideale Textur, nicht zu fest und nicht zu flüssig.

3. Färben Sie den Zuckerguss nach Belieben mit Lebensmittelfarbe ein.

Einen Kuchen mit Fondant überziehen

Für einen Kuchen mit 20 cm Durchmesser • Eher einfach

Zutaten

1 Kuchen Ihrer Wahl mit 20 cm Durchmesser
Buttercreme (S. 5) oder Fruchtaufstrich
Puderzucker
300 g Fondant in der Farbe Ihrer Wahl

Material

Spachtel
Teigrolle
Glätter
Pizzaschneider

Anleitung

1. Stellen Sie den Kuchen auf ein Küchenbrett. Geben Sie einen Teil der Buttercreme auf den Kuchen und verteilen Sie diese mit einem Spachtel, bis die gesamte Oberfläche bedeckt und schön glatt ist. Stellen Sie den Kuchen für 1 h in den Kühlschrank.

2. Bestauben Sie Ihre Arbeitsfläche mit Puderzucker. Bearbeiten Sie den Fondant zunächst ein wenig mit der Hand vor, damit er sich erweicht, und rollen Sie ihn dann mit einer Teigrolle aus. Bestauben Sie ihn auch an der Oberseite, damit er nicht an der Teigrolle klebt. Heben Sie den Fondant zwischendurch immer wieder auf, um ein Ankleben an der Arbeitsfläche zu verhindern. Vermessen Sie den Kuchen. Rollen Sie den Fondant aus, bis er groß genug ist, den ganzen Kuchen zu bedecken. Er sollte dabei nicht zu dick und nicht zu dünn werden.

3. Wenn der Fondant die richtige Größe erreicht hat, ziehen Sie die Teigrolle aus der Mitte zu sich zurück. Legen Sie dann den Fondant über den Kuchen. Streichen Sie ihn zunächst mit Ihren Händen glatt. Drücken Sie ihn vorsichtig, aber rasch zurecht, denn er trocknet sehr schnell. Vorsicht: Ziehen Sie ihn nie nach unten, er kann auf diese Art leicht reißen. Glätten Sie dann die Seiten mit dem Glätter. Achten Sie darauf, dass dabei keine Falten entstehen. Falls doch, heben Sie den Fondant an der betroffenen Stelle vorsichtig hoch, ziehen Sie ihn zur Seite und glätten Sie die Stelle mit Ihren Fingern.

4. Wenn der Kuchen überzogen ist, glätten Sie die gesamte Oberfläche (auch die Seiten) noch einmal mit dem Glätter. Schneiden Sie überstehende Ränder mit dem Pizzaschneider ab.

Bonbons im freien Fall

20 Portionen • Arbeitszeit: 90 Min. • Backzeit: 2 h • Einfach

Zutaten

Für die Schokoladenkuchen (2 Stück mit folgenden Mengen)

200 g Butter
200 g Dessertschokolade, zartbitter
200 g Mehl
1 Packung Backpulver
4 Eier
200 g Zucker

Für den Schokoladenguss

100 g Zartbitterschokolade
60 g Butter
75 g Puderzucker, gesiebt
50 ml Halbfettmilch

Für die Schokoladenbuttercreme

250 g Butter, erweicht
70 g Kakaopulver (oder 1 Tafel Zartbitterschokolade, zerlassen)
1 TL Vanilleextrakt
350–400 g Puderzucker
2–3 EL Milch oder flüssige Sahne
1 Messerspitze Salz

Für die Dekoration

50 g Zartbitterschokolade, zerlassen
1 Packung Maltesers®

Material

Für die Kuchen

1 Kuchenform, rund, Durchmesser: 20 cm
1 leere Maltesers®-Packung
Handmixer
Backpinsel
Großes Messer mit Zähnen

Für die Halterung

1 Stäbchen aus Kunststoff

Maltesers

Zubereitung

Der Schokoladenkuchen

1. Heizen Sie das Backrohr auf 180 °C vor. Erweichen Sie Butter und Schokolade im Wasserbad oder in der Mikrowelle.

2. Sieben Sie Mehl und Backpulver in eine Schüssel. Trennen Sie die Eier.

3. Schlagen Sie in einer anderen Schüssel Eigelb und Zucker. Mengen Sie dann die zerlassene Schokolade und zum Schluss die Mehl-Backpulver-Mischung bei.

4. Schlagen Sie das Eiweiß zu Schnee und heben Sie diesen vorsichtig unter die anderen Zutaten. Gießen Sie die Teigmasse in die befettete oder mit Backpapier ausgelegte Kuchenform.

5. Geben Sie den Kuchen für 1 h ins Backrohr. Achten Sie auf die Zeit und beobachten Sie den Backvorgang, denn ein zu lange gebackener Kuchen wird trocken und krümelig. Lassen Sie den Kuchen in der Form auskühlen und entfernen Sie ihn aus der Form, wenn Sie mit dem Dekorieren beginnen möchten.

6. Bereiten Sie auf dieselbe Weise einen zweiten Kuchen zu.

Der Schokoladenguss

1. Geben Sie die zerhackte Schokolade in eine Schüssel und vermengen Sie sie mit den restlichen Zutaten. Erwärmen Sie die Mischung vorsichtig 5 Min. lang im Wasserbad. Es ist wichtig, dass Schokolade und Butter gleichzeitig schmelzen, damit die Schokolade nicht kristallisiert und verklumpt.

2. Wenn die Schokolade geschmolzen ist, reduzieren Sie die Hitze und verrühren Sie alles gut mit dem Schneebesen, sodass eine homogene flüssige Masse entsteht. Rühren Sie auch danach noch regelmäßig um, damit der Guss schneller abkühlt.

Die Buttercreme

1. Schlagen Sie die erweichte Butter mit dem Handmixer, einer Küchenmaschine mit Schlagaufsatz oder mit einem Holzspachtel in einer Schüssel so lange, bis sie weiß und cremig wird. Geben Sie den Kakao (oder die zerlassene Schokolade) und den Vanilleextrakt und anschließend nach und nach (nicht mehr als eine Tasse auf einmal) Puderzucker bei. Verrühren Sie alles sorgfältig.

2. Geben Sie löffelweise die Milch und eine Messerspitze Salz bei. Rühren Sie 2 Min. lang in schnellem Tempo um, bis eine cremig-leichte Masse entsteht.

3. Soll die Mischung fester werden, so mengen Sie nach und nach, in Einheiten zu je 25 g, Puderzucker bei. Für mehr Geschmeidigkeit rühren Sie löffelweise Sahne oder Milch ein, bis eine sämige Konsistenz erreicht ist. Wenn Sie die Buttercreme nicht sofort verwenden, bewahren Sie sie inzwischen im Kühlschrank auf.

Aufbau und Dekoration

1. Schneiden Sie die beiden ausgekühlten Kuchen der Breite nach mit einem großen Messer durch, sodass Sie je zwei runde Scheiben erhalten. Tragen Sie auf drei der vier Scheiben Buttercreme auf. Stapeln Sie die Scheiben übereinander, sodass ein einziger Kuchen aus vier Schichten entsteht. Beschichten Sie den Kuchen rundherum mit Buttercreme und streichen Sie diese an allen Seiten vorsichtig glatt.

2. Bedecken Sie Oberseite des Kuchens mit Schokoladenguss. Lassen Sie etwas davon über die Ränder hinunterfließen.

3. Stecken Sie das Stäbchen in die Mitte des Kuchens. Setzen Sie einige Schokobonbons an den Kuchenrand und rund um das Stäbchen, sodass es aussieht, als wären sie hinuntergefallen.

4. Versehen Sie den unteren Teil des Stäbchens mit flüssiger Schokolade. Kleben Sie die Bonbons Stück für Stück rund um das Stäbchen. Lassen Sie den Abschnitt trocknen, tragen Sie dann am nächsthöheren Abschnitt flüssige Schokolade auf und wiederholen Sie den Vorgang. Arbeiten Sie sich so am Stäbchen entlang nach oben.

5. Füllen Sie die leere Maltesers®-Tüte mit zerknülltem Küchenpapier, damit sie voluminöser wirkt. Kleben Sie die Tüte am oberen Ende des Stäbchens mit flüssiger Schokolade fest.

Tipp

Für den Schokoladenguss

Der Schokoladenguss sollte bei der Anwendung idealerweise eine Temperatur von 20–25 °C haben. Achten Sie darauf, dass der Kuchen schön kalt ist, wenn Sie ihn glasieren – so erhärtet sich der Guss bei Kontakt sofort.

Schwebemuffins

8 Stück • Arbeitszeit: 1 h • Backzeit: 20 Min. • Einfach

Zutaten

Für die Muffins

210 g Mehl
150 g Zucker
2 TL Backpulver
60 g Butter
250 ml Milch
3 Eier
Geschmackszutaten nach Belieben (z. B. Vanilleextrakt, Zesten von Zitrusfrüchten etc.)

Für die Dekoration

8 Stück Mikado®-Stäbchen mit weißer Schokolade
80 g weiße Schokolade, zerlassen
Schokolinsen in einfarbigen oder gemusterten Minikartons (z. B. Smarties®)

Material

8 Muffin-Förmchen
Backpinsel

Zubereitung

Die Muffins

1. Befetten Sie die Muffin-Förmchen (außer sie sind aus Silikon). Heizen Sie das Backrohr auf 180 °C vor.

2. Vermischen Sie in einer Schüssel alle trockenen Zutaten: Mehl, Zucker und Backpulver.

3. Bringen Sie die Butter in einer Schüssel zum Schmelzen. Geben Sie Milch und Eier zu und vermengen Sie alles gut. Mischen Sie jetzt nach und nach die trockenen Zutaten unter die feuchten. Rühren Sie mit einem Schneebesen durch. Geben Sie nach Belieben Geschmackszutaten bei.

4. Füllen Sie die Förmchen zu drei Vierteln voll und backen Sie die Muffins für 20 Min. im Backrohr. Lassen Sie sie auskühlen, bevor Sie mit dem Dekorieren beginnen.

Aufbau und Dekoration

1. Stecken Sie in die Mitte jedes Muffins ein Mikado®-Stäbchen.

2. Tragen Sie mit dem Pinsel rund um Stelle, wo das Stäbchen steckt, zerlassene Schokolade auf. Kleben Sie die Bonbons mit der zerlassenen Schokolade Stück für Stück fest. Lassen Sie jedes ein wenig trocknen, bevor Sie mit dem Aufbau fortfahren, damit es nicht hinunterfällt. Arbeiten Sie sich am Stäbchen entlang nach oben.

3. Wenn Sie am oberen Ende angelangt sind, lassen Sie alles gut trocknen. Fixieren Sie mit etwas zerlassener Schokolade am oberen Ende eines jeden Mikado®-Stäbchens einen leeren Minikarton.

Zaubercookies

5 große Cookies • Arbeitszeit: 30 Min. • Backzeit: 10–15 Min. • Einfach

Zutaten

Für die Cookies

100 g Butter auf Raumtemperatur
1 Packung Vanillezucker
1 Messerspitze Salz
62,5 g Zucker
62,5 g brauner Zucker
1 Ei
150 g Mehl
2 g Backpulver
25 g Schokotropfen
25 g Rosinen
25 g Haselnüsse, zerhackt

Für die Dekoration

20 g Zartbitterschokolade, zerlassen
20 g Schokotropfen
20 g Rosinen
20 g Haselnüsse, zerhackt

Material

Für die Dekoration

1 Papiertüte, kegelförmig
1 Stäbchen oder Trinkhalm aus Kunststoff

COOKIES

Zubereitung

Die Cookies

1. Heizen Sie das Backrohr auf 180 °C vor.

2. Verrühren Sie rasch erweichte Butter, Vanillezucker, Salz und Zucker (beide Arten) in einer Schüssel. Schlagen Sie das Ei in die Masse, mengen Sie dann Mehl und Backpulver bei. Vermischen Sie die Zutaten gut miteinander. Geben Sie dann Schokotropfen, Rosinen und Haselnüsse hinzu.

3. Formen Sie aus dem Teig Kugeln von je etwa 7 cm Durchmesser und flachen Sie diese leicht ab. Legen Sie die Kugeln auf ein mit Backpapier ausgelegtes Blech. Lassen Sie dazwischen genug Abstand, denn während des Backens werden die Cookies flacher und größer.

4. Backen Sie die Cookies je nach Größe 12–15 Min. lang. Sie sind fertig, wenn ihre Ränder eine goldbraune Farbe annehmen. Lassen Sie sie nach dem Backen noch einige Minuten auskühlen und legen Sie sie dann auf ein Gitter.

Tipp

Wenn Sie die Cookies nicht sofort dekorieren möchten, dann können Sie sie auch über einige Tage in einer verschließbaren Metalldose aufbewahren.

Aufbau und Dekoration

1. Stechen Sie in die noch heißen Cookies in die Mitte je ein Loch von der Stärke des Stäbchens. Vorsicht: Warten Sie damit nicht zu lange – wenn die Cookies auskühlen, werden sie brüchig.

2. Geben Sie einen kleinen Löffel zerlassene Schokolade in die Mitte eines Tellers. Setzen Sie darauf einen Cookie. Stapeln Sie die Cookies übereinander auf, fixieren Sie jeden einzelnen mit einem Klecks zerlassener Schokolade. Achten Sie darauf, dass die Löcher genau übereinanderliegen. Stecken Sie das Stäbchen in das Loch.

3. Legen Sie Schokotropfen, Rosinen und Haselnüsse auf die Cookies, sodass es aussieht, als wären sie darauf heruntergefallen.

4. Tragen Sie auf den unteren Abschnitt des Stäbchens flüssige Schokolade auf und kleben Sie daran Schokotropfen, Rosinen und zerhackte Haselnüsse fest. Arbeiten Sie sich auf diese Weise am Stäbchen entlang von unten nach oben. Warten Sie nach jedem Abschnitt ein wenig, damit die Schokolade trocknen kann und der Turm stabil bleibt.

5. Oben angekommen, streichen Sie ein wenig zerlassene Schokolade auf die Spitze des Stäbchens oder des Trinkhalms und fixieren Sie damit die Papiertüte.

Tortenstück

2 Portionen • Arbeitszeit: 2 h • Wartezeit: 48 h • Backzeit: 1 h • Eher einfach

Zutaten

Für den Chiffon-Kuchen

105 g Mehl
93 g Zucker
2 g Salz
½ Packung Backpulver
3 Eier
70 ml Öl
70 ml Orangen-, Zitronen-, Beeren- oder Ananassaft

Für die Dekoration

150 g Mischung aus 50 % Fondant (weiß) und 50 % Blütenpaste
50 g Blütenpaste
Buttercreme (S. 9) oder Fruchtaufstrich
150 g Fondant, weiß
100 g Fondant, beige
50 g Fondant, rot
75 g Fondant, braun

Material

Für die Kuchen

1 Kuchenform, rund, Durchmesser: 15 cm
Handmixer

Für die Halterung

1 kleines Trinkgläschen aus Kunststoff oder kleiner stabiler Becher
1 Holzplatte, dreieckig, Seitenlänge: ca. 13 cm, Stärke: 1,5 cm
1 Holzspieß
1 Aluminiumstab, Länge: 50 cm, Stärke: 6 mm, rechtwinkelig geknickt (42 zu 8 cm)
1 Trinkhalm
Bohrmaschine
Pinsel

Zubereitung

Das Sahnekännchen (2 Tage im Voraus)

1. Bohren Sie in die Unterseite des kleinen Kunststoffbechers nahe dem Rand ein Loch. Rollen Sie die Mischung aus Fondant und Blütenpaste mit einer Teigrolle aus. Schneiden Sie davon ein Stück aus, das groß genug ist, den gesamten Becher zu bedecken. Befeuchten Sie die Außenseite des Bechers.

2. Verkleiden Sie mit der Fondant-Blütenpaste-Decke den Becher, lassen Sie dabei aber die Unterseite frei. Führen Sie die Enden an der Unterseite des Bechers gegenüber der Öffnung zusammen.

3. Geben Sie dem ausgekleideten Becher die Form eines Kännchens (Foto). Formen Sie mit Ihren Fingern am oberen Rand eine Spitze, die aussieht wie der Schnabel des Kännchens. Bilden Sie den Haltegriff aus reiner Blütenpaste, damit er schneller trocknet und besser hält. Fixieren Sie den Griff am Kännchen, indem Sie dieses leicht befeuchten. Lassen Sie das Kännchen 48 h trocknen.

Der Kuchen

1. Legen Sie die Kuchenform (15 cm) mit Backpapier aus. Heizen Sie das Backrohr auf 180 °C vor.

2. Sieben Sie Mehl, Zucker, Salz und Backpulver in eine Schüssel und vermischen Sie alles. Trennen Sie die Eier.

3. Schlagen Sie in einer zweiten Schüssel Eigelb, Öl und Fruchtsaft.

4. Mengen Sie die trockenen Zutaten unter die feuchten. Verrühren Sie alles 2–3 Min. lang mit einem Handmixer.

5. Schlagen Sie das Eiweiß zu sehr steifem Schnee, den Sie vorsichtig unter die restliche Masse heben.

6. Gießen Sie den Teig in die mit Backpapier ausgelegte Kuchenform. Backen Sie den Kuchen 1 h lang.

7. Lassen Sie den Kuchen 15 Min. auskühlen, bevor Sie ihn aus der Form nehmen. Entfernen Sie das Backpapier. Drehen Sie den Kuchen um und lassen Sie ihn auf einem Gitter, vor Zugluft und Feuchtigkeit geschützt, vollständig auskühlen.

8. Schneiden Sie ein Kuchenstück von der Größe Ihres Holzdreiecks zurecht.

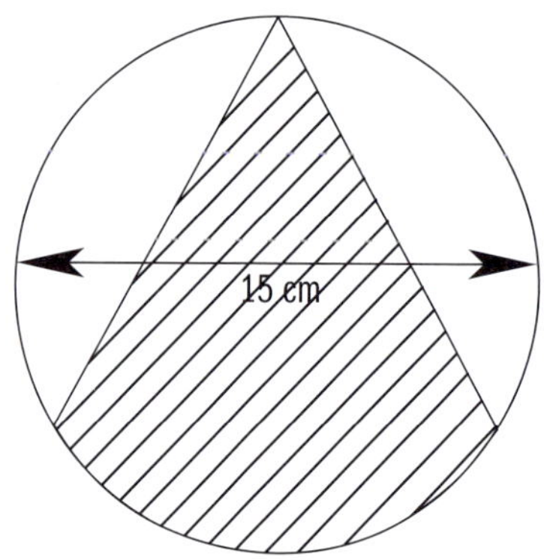

9. Bedecken Sie das Kuchenstück mit Buttercreme (oder Fruchtaufstrich). Überziehen Sie es dann mit weißem Fondant, den Sie zuvor auf einer mit Puderzucker bestaubten Arbeitsfläche ausgerollt haben. Glätten Sie den Fondant an allen Seiten (S. 11).

10. Schneiden Sie aus dem roten Fondant einen Streifen zurecht. Legen Sie diesen auf mittlerer Höhe rund um das Kuchenstück.

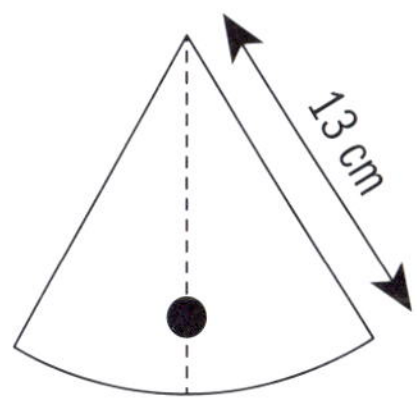

Die Halterung vorbereiten

1. Bohren Sie in das Holzdreieck ein Loch. Es sollte denselben Durchmesser haben wie der Aluminiumstab und etwa 1,2 cm tief sein (3/4 der Stärke des Holzdreiecks).

Aufbau und Dekoration

1. Stecken Sie den Holzspieß in das Loch im Dreieck. Setzen Sie das Kuchenstück durch den Spieß auf das Holzdreieck. Damit später der Kuchen nicht mit dem Aluminium in Berührung kommt, schneiden Sie den Trinkhalm auf die Höhe des Kuchenstückes zu. Stülpen Sie den zurechtgeschnittenen Trinkhalm über den Spieß bis nach unten an die Holzplatte. Ersetzen Sie den Holzspieß jetzt durch den Aluminiumstab, den Sie in den Trinkhalm einführen.

2. Schneiden Sie aus dem braunen Fondant ein langes, 2 cm breites Band aus. Geben Sie dem Band eine Holzoptik, indem Sie mit Gabelzacken hineindrücken. Kleben Sie das Band rund um die Kante des Holzdreiecks.

3. Befeuchten Sie den Stab leicht und bedecken Sie ihn mit beigefarbenem Fondant. Rollen Sie den Rest des beigefarbenen Fondants aus und schneiden Sie eine Form zurecht, die so aussieht wie „Sahne, die hinunterläuft". Legen Sie den Sahneklecks über das Kuchenstück.

4. Fixieren Sie das Kännchen, indem Sie das geknickte Ende des Aluminiumstabs in das zuvor gebohrte Loch im Sahnekännchen einführen. Verwenden Sie bei Bedarf beigefarbenen Fondant, um das Loch zu kaschieren und damit der Eindruck entsteht, Sahne fließe aus der Kanne. Stellen Sie das Kuchenstück mit seiner Halterung auf einen (Präsentier-)Teller, sodass der Schwebeeffekt besonders deutlich wird.

Topsy-Turvy-Torte

7–8 Portionen • Arbeitszeit: 2 h • Backzeit: 6 h • Eher schwierig

Zutaten

Für die Chiffon-Kuchen mit 15 cm Durchmesser (2 Stück mit folgenden Mengen)

105 g Mehl
93 g Zucker
2 g Salz
½ Packung Backpulver
3 Eier
70 ml Öl
70 ml Orangen-, Zitronen-, Beeren- oder Ananassaft

Für die Chiffon-Kuchen mit 20 cm Durchmesser (2 Stück mit folgenden Mengen)

185 g Mehl
165 g Zucker
1 Packung Backpulver
2 g Salz
5 Eier
120 ml Öl
120 ml Orangen-, Zitronen-, Beeren- oder Ananassaft

Für die Chiffon-Kuchen mit 25 cm Durchmesser (2 Stück mit folgenden Mengen)

210 g Mehl
185 g Zucker
2 g Salz
1 Packung Backpulver
6 Eier
135 ml Öl
135 ml Orangen-, Zitronen-, Beeren- oder Ananassaft

Für die Buttercreme

500 g Butter, erweicht
750–800 g Puderzucker
1 Messerspitze Salz
2 TL Vanilleextrakt
4–5 EL Milch oder flüssige Sahne
Lebensmittelfarbe (nach Belieben)

Für den Fondant

1,5 kg Puderzucker
900 g Marshmallows
6 EL Wasser

Material

Für die Kuchen

1 Kuchenform, rund, Durchmesser: 25 cm
1 Kuchenform, rund, Durchmesser: 20 cm
1 Kuchenform, rund, Durchmesser: 15 cm
Backpapier
Handmixer
Teigspachtel
Messer mit Zähnen

Für die Dekoration

2 Kartonscheiben, rund, mit Alufolie verkleidet, Durchmesser: 13,5 cm und 18 cm
8 Holzstäbchen oder dicke Trinkhalme (z. B. für Bubble Tea)
(Schifahrer-)Minifiguren nach Belieben

Zubereitung

Die Kuchen

1. Legen Sie die große Kuchenform (25 cm) mit Backpapier aus. Heizen Sie das Backrohr auf 180 °C vor.

2. Sieben und vermengen Sie Mehl, Zucker, Salz und Backpulver. Trennen Sie die Eier.

3. Verrühren Sie in einer anderen Schüssel Eigelb, Öl und Fruchtsaft.

4. Mischen Sie die trockenen unter die feuchten Zutaten. Verrühren Sie die Masse 2–3 Min. lang mit einem Schneebesen oder Handmixer.

5. Schlagen Sie das Eiweiß zu steifem Schnee und heben Sie diesen vorsichtig unter die Masse.

6. Gießen Sie den Teig in die mit Backpapier ausgelegte Form. Backen Sie den Kuchen 1 h im Backrohr.

7. Lassen Sie den Kuchen 15 Min. auskühlen, bevor Sie ihn aus der Form nehmen. Lösen Sie das Backpapier vom Kuchen. Drehen Sie den Kuchen um und lassen Sie ihn geschützt vor Zugluft und Feuchtigkeit auf einem Gitter vollständig auskühlen.

8. Stellen Sie auf dieselbe Weise fünf weitere Kuchen her, sodass Sie zum Schluss zwei Kuchen mit 25 cm, zwei mit 20 cm und zwei Kuchen mit 15 cm Durchmesser haben.

Die Buttercreme

1. Stellen Sie Buttercreme her (S. 5).

Der Fondant

1. Sieben Sie den Puderzucker in eine Schale. Geben Sie 300 g davon zur Seite.

2. Geben Sie die Marshmallows in einer Schale gemeinsam mit 6 EL Wasser 1 Min. lang in die Mikrowelle, sodass sie schmelzen. Rühren Sie um und stellen Sie die Mischung dann noch einmal 1–2 Min. in die Mikrowelle. Entnehmen Sie die Schale und verrühren Sie die Masse gut mit einem Holzspachtel. Mengen Sie nach und nach den Puderzucker bei.

3. Verteilen Sie die übrigen 300 g Puderzucker über die Arbeitsfläche, kippen Sie die Marshmallow-Zucker-Mischung darauf und beginnen Sie die Masse mit der Hand zu bearbeiten, bis eine Kugel entsteht. Sobald die Masse nicht mehr an Ihren Fingern kleben bleibt, ist sie bereit für die Verarbeitung. Wickeln Sie die Kugel gut in Kunststofffolie ein, da sie andernfalls sehr schnell austrocknet.

Aufbau und Dekoration

1. Setzen Sie je zwei Kuchen derselben Größe aufeinander. Bestreichen Sie dazu jeweils den unteren Kuchen mit Buttercreme. Sie erhalten drei hohe Kuchen, einen mit 15 cm, einen mit 20 cm und einen mit 25 cm Durchmesser.

2. Setzen Sie den Kuchen mit 15 cm Durchmesser auf die Kartonscheibe mit 13,5 cm Durchmesser.

3. Schrägen Sie den Kuchen an der Oberseite ab, sodass ein Höhenunterschied von etwa 2 cm entsteht. Schrägen Sie ihn dann nach unten hin leicht ab (ca. 1,5 cm), sodass der untere Rand einen kleineren Umfang hat als der obere. Bestreichen Sie den Kuchen rundherum mit Buttercreme. Rollen Sie etwas Fondant aus und

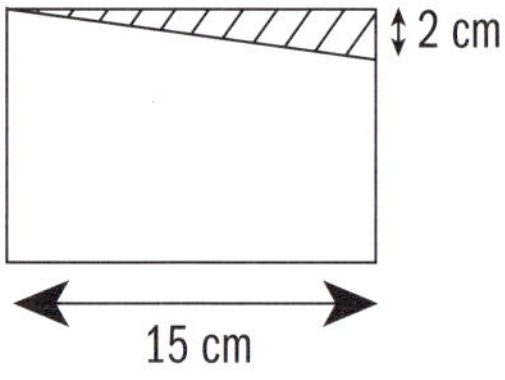

überziehen Sie damit den Kuchen. Beachten Sie dabei alle Kurven, Höhen und Tiefen.

4. Schrägen Sie auch die anderen beiden Kuchen an der Oberseite ab. Setzen Sie das abgeschnittene Stück verkehrt herum auf den Kuchen, sodass der Höhenunterschied zwischen den beiden Seiten noch größer wird. Schneiden Sie in den mittelgroßen Kuchen (20 cm) einen Halbkreis von 15 cm Durchmesser (Skizze unten). In den großen Kuchen (25 cm) schneiden Sie einen Halbkreis von 20 cm Durchmesser. In diese Halbkreise werden die Kuchen gesetzt.

5. Stecken Sie in den großen und den mittelgroßen Kuchen je vier dicke Trinkhalme oder Holzstäbchen, um die Kuchen aufeinander zu fixieren. Bestreichen Sie die Kuchen rundherum mit Buttercreme. Rollen Sie weißen Fondant aus und überziehen Sie damit die Kuchen. Beachten Sie dabei alle Kurven, Höhen und Tiefen.

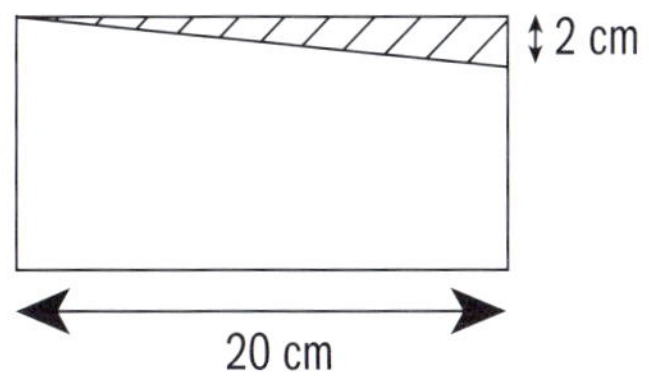

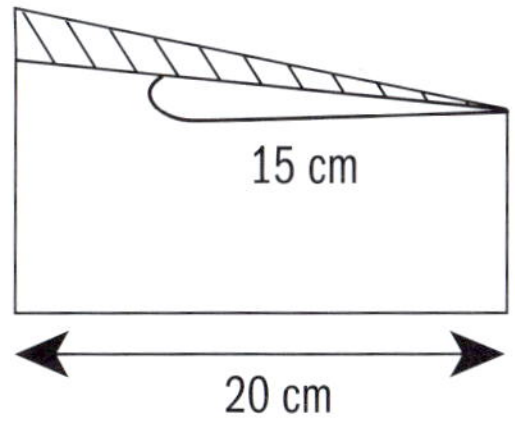

6. Setzen Sie die Kuchen übereinander. Achten Sie darauf, dass die abgeschrägten Seiten einander ausgleichen.

7. Rollen Sie weißen Fondant aus und schneiden Sie davon einen Teil aus, der aussieht wie schmelzender Schnee. Legen Sie ihn ganz oben über die Torte. Stechen Sie aus dem Fondant kleine Kreise und Sterne aus und befestigen Sie diese rundherum am Kuchen.

Wunderwolke

10 Portionen • Arbeitszeit: 45 Min. • Backzeit: 20 Min. • Eher einfach

Zutaten

Für die Biskuitrolle

210 g Mehl
185 g Zucker
2 g Salz
1 Packung Backpulver
6 Eier
140 ml Orangen-, Zitronen-, Beeren- oder Ananassaft
140 ml Öl
Lebensmittelfarbe, rosa

Für die Buttercreme

125 g Butter, erweicht
1 TL Vanilleextrakt
200 g Puderzucker
2–3 EL Milch oder flüssige Sahne
1 Messerspitze Salz

Für die Karamellnüsse

8 Haselnüsse
100 ml Wasser
200 g Zucker
1 Messerspitze Salz

Für die Dekoration

Pistaziensplitter
Zuckerwatte

Material

1 sauberes Küchentuch
Küchenbrett (oder schweres Buch)
Backpapier
8 Zahnstocher

Zubereitung

Die Biskuitrolle

1. Legen Sie ein Backblech mit Backpapier aus. Heizen Sie das Backrohr auf 180 °C vor.

2. Sieben Sie Mehl, Zucker, Salz und Backpulver in eine Schüssel und vermischen Sie alles. Trennen Sie die Eier.

3. Verrühren Sie in einer anderen Schüssel Eigelb, Fruchtsaft und Öl.

4. Mischen Sie die trockenen unter die feuchten Zutaten. Verrühren Sie die Masse 2–3 Min. lang mit einem Schneebesen oder Handmixer.

5. Schlagen Sie das Eiweiß zu steifem Schnee und heben Sie diesen vorsichtig gemeinsam mit der Lebensmittelfarbe unter die Masse.

6. Verteilen Sie den Teig über das mit Backpapier ausgelegte Blech. Er sollte etwa 1 cm dick sein. Backen Sie ihn 20 Min. im Backrohr.

7. Nehmen Sie den Biskuitteig aus dem Blech. Drehen Sie ihn um und legen Sie ihn dabei auf das Küchentuch. Entfernen Sie das Backpapier. Rollen Sie den Teig mit dem Küchentuch der Länge nach ein und lassen Sie ihn so auskühlen.

Die Buttercreme

1. Gießen Sie die erweichte Butter in eine Schüssel und schlagen Sie sie mit einem Handmixer, einer Küchenmaschine mit Schlagaufsatz oder mit einem Holzspachtel so lange, bis sie weiß und cremig wird. Geben Sie zunächst den Vanilleextrakt und bei Bedarf auch Lebensmittelfarbe, und anschließend nach und nach (nicht mehr als eine Tasse auf einmal) Puderzucker bei. Verrühren Sie alles sorgfältig.

2. Geben Sie jetzt löffelweise die Milch und eine Messerspitze Salz bei. Rühren Sie 2 Min. lang in schnellem Tempo um, bis eine cremig-leichte Masse entsteht.

3. Soll die Mischung fester werden, so mengen Sie nach und nach, in Einheiten zu je 25 g, Puderzucker bei. Für mehr Geschmeidigkeit rühren Sie löffelweise flüssige Sahne oder Milch ein, bis die gewünschte Konsistenz erreicht ist.

4. Rollen Sie den Biskuitteig aus und bestreichen Sie ihn mit Buttercreme. Rollen Sie ihn anschließend wieder ein und stellen Sie den Kuchen kalt.

Die Karamellnüsse

1. Stechen Sie in jede Haselnuss seitlich (nicht unten) einen Zahnstocher.

2. Geben Sie Wasser, Zucker und eine Messerspitze Salz in einen kleinen Topf und stellen Sie diesen bei mittlerer Hitze auf eine Kochplatte. Rühren Sie nicht mit dem Kochlöffel um, die Zutaten werden sich, sobald die Flüssigkeit kocht, von selbst vermischen. Geben Sie allerdings Acht, dass das Karamell nicht anbrennt – das kann sehr rasch passieren.

3. Lassen Sie Wasser und Zucker sich vermischen, bis sie eine karamellartige Farbe annehmen. Schwingen Sie dabei den Kochtopf von Zeit zu Zeit, damit eine homogene Mischung entsteht und Sie die Farbe kontrollieren können. Wenn das Karamell bernsteinfarben wird, dann schalten Sie die Kochplatte aus und nehmen Sie den Topf vom Ofen.

4. Legen Sie das Küchenbrett auf die Arbeitsfläche und etwas Backpapier auf den Küchenboden.

5. Tunken Sie die Nüsse Stück für Stück ins Karamell. Drehen Sie dann die Nüsse so, dass ihre Spitze nach unten zeigt und klemmen Sie die Zahnstocher zwischen Küchenbrett und Arbeitsfläche ein. Der Boden wird durch das Backpapier vor hinuntertropfendem Karamell geschützt. Lassen Sie die Karamellnüsse mit ihren Fäden einige Minuten hart werden.

Aufbau und Dekoration

1. Setzen Sie die Karamellnüsse seitlich an die Biskuitrolle, indem Sie die Zahnstocher in die Rolle stecken. Die Spitzen mit den Karamellfäden zeigen dabei nach oben. Bestreuen Sie die Rolle mit Pistaziensplittern.

2. Legen Sie die Zuckerwatte vorsichtig auf die Spitzen der Karamellfäden. Servieren Sie die Rolle sofort.

Tipp

- Vorsicht: Dekorieren Sie die Rolle erst kurz vor dem Servieren – andernfalls kann es passieren, dass Karamell und Zuckerwatte schmelzen.
- Bewahren Sie die Buttercreme im Kühlschrank auf, wenn Sie sie nicht sofort benötigen.
- Anstatt mit Buttercreme können Sie die Rolle auch mit Ganache oder Fruchtcreme füllen.

Bienen am Flug

20 Portionen • Arbeitszeit: 4 h • Wartezeit: 48 h • Backzeit: 3 h • Eher schwierig

Zutaten

Für die Chiffon-Kuchen mit 15 cm Durchmesser (3 Stück mit folgenden Mengen)

105 g Mehl
93 g Zucker
2 g Salz
½ Packung Backpulver
3 Eier
70 ml Orangen-, Zitronen-, Beeren- oder Ananassaft
70 ml Öl
700 g Fondant, zartgelb

Für die Ganache

200 g Zartbitterschokolade
200 ml flüssige Sahne, voller Fettgehalt

Für die Bienen

50 g Fondant, dunkelgelb
30 g Fondant, schwarz
75 g Fondant, weiß

Für die Blume

100 g Fondant, weiß
Lebensmittelkleber
10 g Fondant, schwarz
Zuckerperlen, gold

Für die Dekoration

50 g Fondant, orange
50 g Fondant, dunkelgelb

Material

Für die Kuchen

1 Kuchenform, rund, Durchmesser: 15 cm

Für die Dekoration

3 Stück Metalldraht, mittelstark, flexibel, Länge: 39 cm
Metalldraht, fein
1 Scheibe aus festem Karton oder dünnem Holz, rund, mit Alufolie verkleidet, Durchmesser: 15 cm
1 Rohr aus Karton, fest, Länge: 3 cm, Durchmesser: 5 cm (z. B. leere Küchenpapierrolle)
1 Rohr aus Kunststoff, Länge: 18 cm, Durchmesser: 18 mm
3 Zahnstocher
Mehrere Stück Trinkhalme
Klebepistole
Backpinsel, fein
Geschenkband, gelb
4 Ausstechförmchen in der Form von Rosenblättern, unterschiedliche Größen
1 Cupcake-Förmchen aus Papier

Tipp

Wenn Sie Ihren Fondant selbst herstellen möchten, finden Sie dazu auf Seite 4 die passende Anleitung!

Zubereitung

Die Bienen (2 Tage im Voraus)

1. Rollen Sie die mittelstarken Metalldrähte um eine Flasche, sodass sie sich spiralförmig eindrehen. Knicken Sie die Enden ein und tunken Sie sie in Wasser. Formen Sie aus gelbem Fondant eine kleine Kugel, die Sie dann ein wenig in die Länge ziehen, sodass sie etwa 4 cm lang und 2 cm dick wird. Sie wird den Körper der Biene bilden. Stellen Sie aus schwarzem Fondant ein oder zwei Bänder her. Befeuchten Sie den Bienenkörper leicht mit Hilfe des Pinsels und legen Sie die Streifen um ihn herum.

2. Rollen Sie den weißen Fondant auf einer mit Puderzucker bestaubten Arbeitsfläche aus. Schneiden Sie zwei Kreise von ca. 1 cm Durchmesser aus und knicken Sie diese seitlich ein wenig ein. Kleben Sie die Kreise als Flügel der Biene seitlich auf, indem Sie sie mit Hilfe des Pinsels leicht befeuchten.

3. Formen Sie aus schwarzem Fondant eine kleine Kugel, die Sie als Kopf zwischen die Flügel auf den Bienenkörper setzen. Schneiden Sie aus dem dünnen Metalldraht zwei 1 cm große Stücke zu, die Sie als Fühler in den Bienenkopf stecken. Bilden Sie dann zwei schwarze Minikügelchen und setzen Sie diese ans Ende je eines Fühlers.

4. Stellen Sie nach demselben Muster zwei weitere Bienen her.

5. Formen Sie aus weißem Fondant dünne Schlagen. Rollen Sie diese um die Drahtspiralen und fixieren Sie sie mit etwas Wasser. Befestigen Sie die Bienen auf den Drahtspiralen und lassen Sie die Figuren 48 h trocknen.

Die Blume (2 Tage im Voraus)

1. Bearbeiten Sie weißen Fondant ein wenig mit den Händen vor und rollen Sie ihn dann so dünn wie möglich auf einer mit Puderzucker bestaubten Arbeitsfläche aus.

2. Stechen Sie mit Hilfe der Ausstechförmchen vier Kreise von unterschiedlichen Größen aus. Geben Sie Ihren „Blütenblättern" ein Relief, indem Sie mit der Spitze eines Zahnstochers rund um die Kanten der Kreise streichen und langgezogene, leicht abgeschrägte Linien in die Kreisoberflächen zeichnen.

3. Legen Sie die vier Blütenblätter übereinander und setzen Sie sie in ein Cupcake-Förmchen, damit sie ihre Form behalten. Lassen Sie sie 48 h trocknen.

4. Wenn alle Schichten trocken sind, setzen Sie die Blütenblätter mit Lebensmittelkleber zusammen. Schneiden Sie aus schwarzem Fondant eine Halbkugel von 1,5 cm Durchmesser aus und setzen Sie diese in die Mitte der Blüte. Dekorieren Sie die Blüte mit goldfarbenen Zuckerperlen.

Die Halterung

1. Schneiden Sie in die runde Kartonscheibe ein Loch, das denselben Durchmesser hat wie das Kunststoffrohr.

2. Kleben Sie das Kartonrohr mit Hilfe einer Klebepistole auf die runde Scheibe mit dem Loch in der Mitte (Foto).

3. Stechen Sie in das Kunststoffrohr vier kleine Löcher, in die Sie die Zahnstocher einführen, sodass Sie sich überkreuzen. Diese werden die Scheibe mit 15 cm Durchmesser tragen.

Die Kuchen

1. Legen Sie die Kuchenform mit 15 cm Durchmesser mit Backpapier aus. Heizen Sie das Backrohr auf 180 °C vor.

2. Sieben Sie Mehl, Zucker, Salz und Backpulver in eine Schüssel und vermischen Sie die Zutaten. Trennen Sie die Eier.

3. Verrühren Sie in einer anderen Schüssel Eigelb, Fruchtsaft und Öl.

4. Mischen Sie die trockenen unter die feuchten Zutaten. Verrühren Sie die Masse 2–3 Min. lang mit einem Schneebesen oder Handmixer.

5. Schlagen Sie das Eiweiß zu steifem Schnee und heben Sie diesen vorsichtig unter die Masse.

6. Gießen Sie den Teig in die mit Backpapier ausgelegte Form. Backen Sie den Kuchen 1 h im Backrohr.

7. Lassen Sie den Kuchen 15 Min. auskühlen, bevor Sie ihn aus der Form nehmen. Lösen Sie das Backpapier vom Kuchen. Drehen Sie den Kuchen um und lassen Sie ihn geschützt vor Zugluft und Feuchtigkeit auf einem Gitter auskühlen.

8. Bereiten Sie auf dieselbe Weise noch zwei weitere Kuchen zu.

9. Bereiten Sie die Ganache zu: Zerhacken Sie die Schokolade und geben Sie sie in eine Schüssel. Bringen Sie die Sahne in einem Topf zum Kochen. Gießen Sie die Sahne über die Schokolade und rühren Sie um, sodass sie schmilzt. Stellen Sie die Ganache mindestens 10 Min. lang an einen kühlen Platz, bevor Sie sie verwenden.

10. Wenn die Kuchen fertig sind, setzen Sie zwei von ihnen übereinander. Tragen Sie dazu auf den unteren eine Schicht Ganache auf.

11. Bedecken Sie die beiden Kuchen (den doppelten und den einfachen) rundherum mit Ganache und überziehen Sie jeden von ihnen mit zartgelbem Fondant.

Aufbau und Dekoration

1. Rollen Sie auf einer mit Puderzucker bestaubten Arbeitsfläche orangefarbenen und dunkelgelben Fondant aus. Schneiden Sie daraus kleine Sechsecke aus und befestigen Sie diese am Kuchen, indem Sie den Untergrund mit Hilfe eines Pinsels leicht anfeuchten. Verteilen Sie sie beliebig (Foto S. 37).

2. Stechen Sie in die Mitte der beiden Kuchen ein Loch, das denselben Durchmesser hat wie das Kunststoffrohr. Stecken Sie das Kunststoffrohr in den ersten Kuchen. Stülpen Sie die runde, mit Alufolie verkleidete Scheibe über das Rohr, bis sie sich auf die Zahnstocher stützt. Stellen Sie den zweiten Kuchen auf die Halterung.

3. Knicken Sie die Drahtspiralen mit den Bienen jeweils an ihrem unteren Ende ein wenig ab. Stülpen Sie über den Draht je ein Stück Trinkhalm, damit der Kuchen nicht mit dem Metall in Berührung kommt. Stecken Sie die Enden in den Kuchen.

4. Setzen Sie die Blüte so auf den Kuchen, dass sie die Löcher für Kunststoffrohr und Trinkhalme verdeckt. Wenn es Ihnen gefällt, legen Sie eine gelbe Schleife unten um den oberen Kuchen.

Magische Botschaft

12 Portionen • Arbeitszeit: 2 h • Wartezeit: 48 h • Backzeit: 45 Min. • Eher einfach

Zutaten

Für den Joghurtkuchen mit 20 cm Durchmesser

2 Becher Natur- oder Vanillejoghurt (Behalten Sie den Becher zum Bemessen der anderen Zutaten!)
5 Eier
3 Becher Zucker
1 ½ Becher Öl
Geschmackszutaten nach Belieben (Saft oder Schale aus 1 Zitrone, Vanille, Schokotropfen etc.)
1 Packung Backpulver
4 Becher Mehl
Ganache, zartbitter (S. 8)
500 g Fondant, zartgrün

Für den Spritzbeutel

400 g Fondant, weiß
20 g Fondant, grau
Lebensmittelfarbe, metallisch-gold (nach Belieben)

Für den Zuckerguss

10 g Eiweiß
1 Tropfen Vanilleextrakt
50 g Puderzucker
1 Tropfen Zitronensaft

Für die Dekoration

400 g Fondant, weiß
Kleine Zuckerperlen, rosa

Material

Für den Kuchen

1 Kuchenform, rund, Durchmesser: 25 cm
Spritzbeutel mit feiner, glatter Tülle

Für die Halterung

1 Kunststoffrohr, Länge: 12 cm, Durchmesser: 7 mm
1 Holzscheibe, rund, Stärke: 2 cm, Durchmesser: 25 cm
Bohrmaschine
1 Holzspieß
1 Aluminiumstab, Länge: 12 mm, Stärke: 6 mm
1 Trinkhalm
1 Ausstechförmchen, rautenförmig

Miam

Zubereitung

Der Spritzbeutel (2 Tage im Voraus)

1. Formen Sie eine Kugel aus 200 g weißem Fondant. Befeuchten Sie das kleine Kunststoffrohr und stecken Sie es in die Mitte der Kugel. Formen Sie mit Ihren Händen einen Zapfen, indem Sie das Rohr in Fondant einbetten. Es sollte dabei immer in der Mitte bleiben. Die Rohrkante an der Zapfenspitze sollte sichtbar bleiben.

2. Rollen Sie den Rest des weißen Fondants aus und schneiden Sie daraus ein Dreieck, das groß genug ist, um es rund um den Zapfen zu legen. Lassen Sie an der Rückseite 3 cm Fondant hinausstehen. Schlingen Sie diesen Überschuss einmal um die eigene Achse, sodass er aussieht wie das Ende eines Spritzbeutels.

3. Lassen Sie den Spritzbeutel mindestens 48 h vor Feuchtigkeit geschützt trocknen.

Die Halterung

1. Zeichnen Sie quer durch die Holzplatte eine Linie, sodass zwei gleich große Hälften entstehen. Markieren Sie einen Punkt auf etwa einem Viertel der Linie, ca. 6 cm vom Rand entfernt (bei 25 cm Durchmesser). Bohren Sie dort ein 6 mm großes Loch.

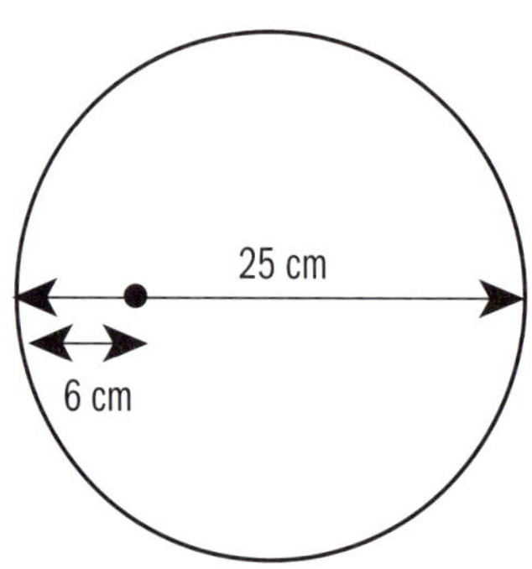

Der Joghurtkuchen

1. Heizen Sie das Backrohr auf 180 °C vor.

2. Verrühren Sie Joghurt, Eier, Zucker und Öl. Geben Sie etwas geriebene Zitronenschale oder sonstige Geschmackszutaten bei und vermengen Sie alles gut.

3. Verteilen Sie das Backpulver im Mehl und mischen Sie die trockenen Zutaten dann unter die feuchten. Gießen Sie die Kuchenmasse in eine befettete runde Form (20 cm). Geben Sie den Kuchen für 45 Min. ins Backrohr. So testen Sie, ob der Kuchen fertig ist: Schieben Sie ein Messer mit der Spitze in den Teig und ziehen es wieder heraus. Ist es trocken, dann ist der Kuchen durchgebacken.

4. Lassen Sie den fertigen Kuchen einige Minuten ruhen. Nehmen Sie ihn aus der Form und lassen Sie ihn auf einem Gitter auskühlen.

5. Bereiten Sie währenddessen die Ganache zu (S. 8).

6. Wenn der Kuchen ausgekühlt ist, bestreichen Sie ihn rundherum mit Ganache und lassen Sie ihn danach noch einmal kurz stehen.

7. Überziehen Sie ihn dann mit zartgrünem Fondant. Sie können auch jeden der beiden Kuchen der Breite nach durchschneiden und auf diese Weise drei Ganache-Schichten einziehen.

Aufbau und Dekoration

1. Setzen Sie den Kuchen auf die Holzplatte mit der Bohrung. Stechen Sie den Holzspieß in den Kuchen, sodass er unten auf das Loch im Holz trifft.

2. Knicken Sie den Aluminiumstab um 150°. Eine der Seitenlängen sollte dabei genau der Höhe des Kuchens entsprechen.

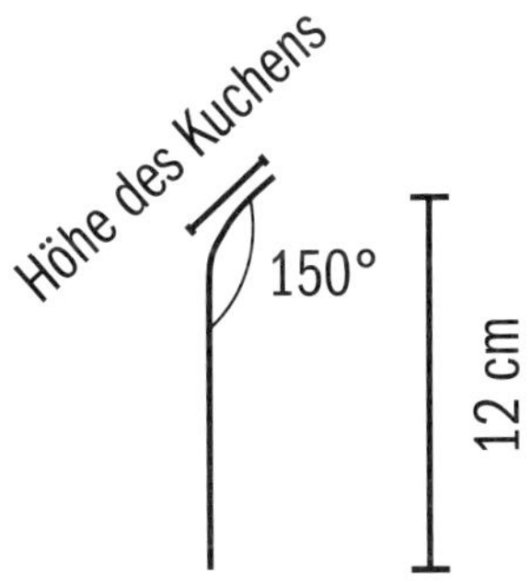

3. Damit der Kuchen später nicht mit dem Metall in Verbindung kommt, schneiden Sie den Trinkhalm auf die Höhe des Kuchens zu. Stülpen Sie den zurechtgeschnittenen Trinkhalm über den Holzspieß bis nach unten an die Holzplatte. Entnehmen Sie den Holzspieß und führen Sie stattdessen den Aluminiumstab in den Strohhalm ein.

4. Rollen Sie den weißen Fondant auf einer mit Puderzucker bestaubten Arbeitsfläche aus. Stechen Sie mit Ausstechförmchen (oder schneiden Sie mit Messer und Lineal) Rauten aus, die gleich hoch sind wie der Kuchen. Fixieren Sie die Rauten an den Seitenflächen des Kuchens, indem Sie sie mit Hilfe eines Pinsels anfeuchten.

5. Setzen Sie an die Ecken der Rauten rosafarbene Perlen. Verzieren Sie die Oberseite des Kuchens mit kleinen Dreiecken.

6. Stellen Sie für die Schrift Zuckerguss her: Schlagen Sie Eiweiß und Vanilleextrakt 5 Sek. lang mit dem Handmixer und beginnen Sie dann, nach und nach den Puderzucker beizumengen. Rühren Sie ca. 5–7 Min. lang um, sodass eine glatte und glänzende Creme entsteht. Geben Sie dem Zuckerguss die gewünschte Konsistenz, indem Sie noch Zitronensaft oder Puderzucker zugeben.

7. Gießen Sie den Zuckerguss in einen Spritzbeutel mit feinem, glattem Aufsatz und schreiben Sie das Wort Ihrer Wahl auf die Torte. Achten Sie darauf, dass die Schrift am Aluminiumstab endet.

8. Stülpen Sie den Spritzbeutel aus Fondant über den herausstehenden, geknickten Aluminiumstab.

9. Rollen Sie den grauen Fondant aus und schneiden Sie daraus einen 2 cm breiten Streifen aus. Bemalen Sie diesen mit Hilfe eines Pinsels mit goldener Lebensmittelfarbe. Fixieren Sie ihn an der Spitze des Spritzbeutels, sodass er das Kunststoffrohr und den noch sichtbaren Teil des Aluminiumstabs verdeckt. Schneiden Sie überschüssigen Fondant weg.

10. Formen Sie eine kleine Schlange aus grünem Fondant und legen Sie diese um den untersten Rand des Kuchens, sodass sie die Holzplatte verdeckt.

Ballonfahrt

30 Portionen • Arbeitszeit: 4 h • Backzeit: 3 h • Eher schwierig

Zutaten

Für die Kugel aus Puffreis

70 g Butter
280 g Marshmallows
170 g Puffreis, z. B. Kellog's Rice Krispies®
1 Packung Vanillezucker

Für die Schokoladenkuchen mit 20 x 20 cm (2 Stück mit folgenden Mengen)

200 g Butter
200 g Zartbitterschokolade
200 g Mehl
1 Packung Backpulver
4 Eier
200 g Zucker
Buttercreme (S. 5)
900 g Fondant, himmelblau

Für den Chiffon-Kuchen mit 10 x 10 cm

105 g Kuchenmehl
95 g Zucker
½ Packung Backpulver
2 g Salz
3 Eier
70 ml Öl
70 ml Orangen-, Zitronen-, Beeren- oder Ananassaft

Für die Dekoration

200 g Ganache (S. 8)
500 g Fondant, grau
150 g Fondant, zartrosa
300 g Fondant, braun
200 g Fondant, weiß

Material

Für den Kuchen

1 Kuchenform, quadratisch, Maße: 20 x 20 cm
1 Kuchenform, quadratisch, Maße: 10 x 10 cm
2 Formen, halbkugelförmig, Durchmesser: 15 cm
Holzspachtel
Backpapier
Klarsichtfolie

Für Halterung und Dekoration

1 Holzplatte, quadratisch, Maße: 10 x 10 cm, Stärke: 1 cm
4 Holzspieße
Bohrmaschine
Messer mit Zähnen
Pizzaschneider
Glätter

Zubereitung

Die Halterung

1. Zeichnen Sie auf dem Holzquadrat die Diagonalen ein. Markieren Sie je 1 cm von der Ecke entfernt einen Punkt. Bohren Sie an jeder der vier Markierungen ein Loch mit einer Tiefe von etwa 0,7 cm (3/4 der Stärke der Holzplatte).

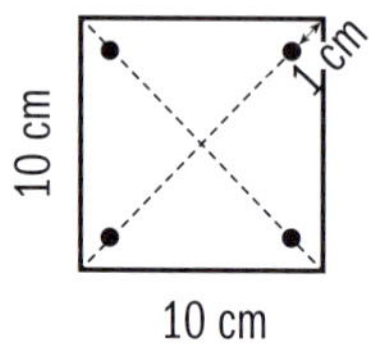

Die Kugel

1. Zerlassen Sie in einer Pfanne mit Antihaftbeschichtung langsam die Butter. Geben Sie die Marshmallows bei und vermengen Sie diese mit der Butter. Rühren Sie mit einem Holzspachtel um, bis sie vollständig zerschmolzen sind.

2. Geben Sie Puffreis und Vanillezucker bei und verrühren Sie die Mischung gut.

3. Gießen Sie die fertige Puffreis-Mischung in die beiden mit Klarsichtfolie ausgelegten Halbkugel-Formen. Drücken Sie die Masse gegen den Rand, sodass sie die Form einer Halbkugel annimmt. Legen Sie die Formen umgedreht auf Backpapier. Lassen Sie die Masse auskühlen.

4. Bereiten Sie gleichzeitig die Ganache zu. Setzen Sie die beiden Puffreis-Halbkugeln mit Ganache zu einer Kugel zusammen.

Der untere Kuchen (Schokoladenkuchen)

1. Heizen Sie das Backrohr auf 180 °C vor. Bringen Sie Butter und Schokolade im Wasserbad oder in der Mikrowelle zum Schmelzen.

2. Sieben und vermengen Sie Mehl und Backpulver.

3. Verrühren Sie in einer Schüssel Eigelb und Zucker. Geben Sie zuerst die zerlassene Schokolade, dann das Mehl bei. Schlagen Sie das Eiweiß zu Schnee und heben Sie diesen vorsichtig unter die Masse.

4. Gießen Sie den Teig in eine befettete oder mit Backpapier ausgelegte Kuchenform (20 x 20 cm). Geben Sie den Kuchen für 1 h ins Backrohr. Achten Sie genau auf die Backzeit – ein zu lange gebackener Kuchen wird trocken und krümelig. Lassen Sie den Kuchen in der Form auskühlen und stürzen Sie ihn dann. Bereiten Sie auf dieselbe Weise noch einen zweiten Kuchen zu.

5. Setzen Sie die beiden Kuchen, wenn sie ausgekühlt sind, übereinander. Bestreichen Sie sie rundherum mit Buttercreme und überziehen Sie sie dann mit himmelblauem Fondant (S. 11).

Der obere Kuchen (Chiffon-Kuchen)

1. Legen Sie die Kuchenform (10 x 10 cm) mit Backpapier aus. Heizen Sie das Backrohr auf 180 °C vor.

2. Sieben Sie Mehl, Zucker, Backpulver und Salz in eine Schüssel und vermischen Sie alles. Trennen Sie die Eier. Schlagen Sie in einer zweiten Schüssel Eigelb, Öl und Fruchtsaft.

3. Mengen Sie die trockenen Zutaten unter die feuchten. Verrühren Sie alles 2–3 Min. lang mit einem Handmixer.

4. Schlagen Sie das Eiweiß zu sehr steifem Schnee, den Sie vorsichtig unter die restliche Masse heben.

5. Gießen Sie den Teig in die mit Backpapier ausgelegte Kuchenform. Backen Sie den Kuchen 1 h lang. Lassen Sie ihn dann 15 Min. auskühlen, bevor Sie ihn aus der Form nehmen. Entfernen Sie das Backpapier. Drehen Sie den Kuchen um und lassen Sie ihn auf einem Gitter, vor Zugluft und Feuchtigkeit geschützt, vollständig auskühlen.

6. Wenn der Kuchen kalt ist, runden Sie ihn an den Ecken ab. Verwenden Sie dazu ein großes Messer mit Zähnen.

Aufbau und Dekoration

1. Bestreichen Sie die ausgekühlte Puffreiskugel rundherum mit Ganache, um Unebenheiten auszugleichen.

2. Rollen Sie den grauen Fondant auf einer mit Puderzucker bestaubten Arbeitsfläche aus. Überziehen Sie damit die Puffreiskugel. Glätten Sie die Oberfläche mit Hilfe eines Glätters.

3. Rollen Sie zartrosa Fondant auf einer mit Puderzucker bestaubten Arbeitsfläche aus. Schneiden Sie davon gewölbte Streifen aus, deren Länge der Höhe des Ballons entspricht. Legen Sie Streifen für Streifen senkrecht rund um den Ballon. Befestigen Sie die Streifen, indem Sie sie mit einem Pinsel befeuchten. Platzieren Sie dort, wo die Streifen oben und unten zusammenlaufen, je eine kleine Kugel aus Fondant.

4. Setzen Sie den kleinen Kuchen (10 x 10 cm) auf das Holzquadrat. Stechen Sie mit Holzspießen durch die Ecken des Kuchens, sodass sie unten in die Löcher im Holz treffen.

5. Rollen Sie den braunen Fondant aus. Schneiden Sie mehrere Streifen von 1 x 45 cm und einige Streifen von 1 cm mal der Höhe des Kuchens zu. Verflechten Sie die Bänder miteinander und legen Sie das Geflecht um den Kuchen.

6. Bilden Sie aus braunem Fondant Schlangen und verkleiden Sie damit die vier Holzspieße an den Ecken. Bedecken Sie die Kuchenoberfläche mit einem 10 x 10 cm großen Quadrat aus braunem Fondant. Bilden Sie ebenfalls aus braunem Fondant dünne Schlangen und befestigen Sie eine solche an jeder Ecke.

7. Setzen Sie die Kugel auf die Holzspieße, drücken Sie dazu die Spitzen in den Puffreis. Setzen Sie den Ballon auf den großen Kuchen.

8. Rollen Sie den weißen Fondant auf einer mit Puderzucker bestaubten Arbeitsfläche aus. Schneiden Sie Wolken aus. Setzen Sie diese in beliebiger Anordnung auf den großen Kuchen mit dem himmelblauen Fondant. Fixieren Sie diese, indem Sie sie leicht anfeuchten.

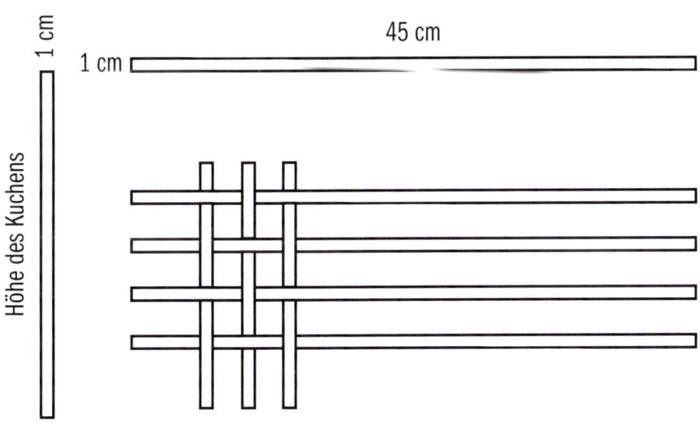

Verrückte Farbenwelt

20–25 Portionen • Arbeitszeit: 1 h • Wartezeit: 48 h • Backzeit: 5 h • Eher schwierig

Zutaten

Für den Pinsel

150 g Fondant, beige
Lebensmittelfarbe, braun
20 g Fondant, grau
50 g Fondant, rot
Lebensmittelfarbe, metallisch-gold

Für den Regenbogen-Chiffon-Kuchen

460 g Mehl
410 g Zucker
5 g Salz
1 ½ Packungen Backpulver
12 Eier
300 ml Orangen-, Zitronen-, Beeren- oder Ananassaft
300 ml Pflanzenöl
Lebensmittelfarbe, rot, orange, gelb, grün, blau und violett
Buttercreme (S. 5)
400 g Fondant, weiß

Für den unteren Chiffon-Kuchen (2 Stück mit folgenden Mengen)

185 g Mehl
165 g Zucker
2 g Salz
1 Packung Backpulver
5 Eier
120 ml Orangen-, Zitronen-, Beeren- oder Ananassaft
120 ml Öl
500 g Fondant, weiß

Für die Erdbeerganache

200 g Erdbeeren, frisch
2 EL Wasser
250 g weiße Schokolade
125 ml flüssige Sahne
30 g Butter

Material

Für die Kuchen

1 Kuchenform, rund, Durchmesser: 15 cm
1 Kuchenform, rund, Durchmesser: 20 cm
Schneebesen

Für die Halterung

1 Kunststoffrohr, Durchmesser: 7 mm
1 Aluminiumstab, Länge: 30 cm, Stärke: 6 mm
1 Trinkhalm
Feiner Metalldraht

Tipp

Wenn Sie Ihren Fondant selbst herstellen möchten, finden Sie dazu auf Seite 4 die passende Anleitung!

Zubereitung

Der Pinsel (2 Tage im Voraus)

1. Bilden Sie aus 100 g beigefarbenem Fondant einen Zapfen.

2. Befeuchten Sie das Kunststoffrohr und stecken Sie es in den Fondantzapfen.

3. Beginnen Sie aus dem Fondant rund um das Rohr einen Pinselgriff zu formen. Das Rohr sollte dabei schräg im Inneren des Pinsels liegen und die Öffnung des Rohrs auf einer Seite (dort, wo später die „Pinselborsten" hinkommen) frei bleiben. Bemalen Sie den Griff mit Hilfe eines Backpinsels mit brauner Lebensmittelfarbe.

4. Formen Sie mit dem Rest des beigefarbenen Fondants ein Dreieck für den Kopf des Pinsels. Zeichnen Sie mit Hilfe eines Messers der Länge nach feine Streifen auf das Dreieck, die aussehen wie Pinselborsten.

5. Rollen Sie grauen Fondant aus und schneiden Sie daraus ein 1 cm breites Band zu. Tragen Sie darauf mit Hilfe eines Backpinsels metallisch-goldene Lebensmittelfarbe auf. Befestigen Sie das Band rund um den Pinselkopf, dort, wo er auf den braunen Griff trifft. Lassen Sie den Pinsel mindestens 48 h trocknen.

Der Regenbogenkuchen (Chiffon-Kuchen)

1. Heizen Sie das Backrohr auf 180 °C vor. Legen Sie die kleine Kuchenform mit Backpapier aus. Sieben Sie Mehl, Zucker, Salz und Backpulver in eine Schüssel und vermischen Sie alles. Trennen Sie die Eier. Schlagen Sie in einer zweiten Schüssel Eigelb, Fruchtsaft und Öl. Mengen Sie die trockenen Zutaten unter die feuchten. Verrühren Sie die Masse 2-3 Min. lang mit einem Handmixer. Schlagen Sie das Eiweiß zu sehr steifem Schnee und heben Sie diesen dann vorsichtig unter die restlichen Zutaten.

2. Teilen Sie den Teig mit Hilfe einer Küchenwaage in sechs gleich schwere Teile. Mengen Sie in jede der sechs Teigmassen einige Tropfen einer Lebensmittelfarbe, sodass Sie sechs verschiedenfarbige Teige erhalten.

3. Gießen Sie die violette Teigmasse in die Kuchenform. Geben Sie den Kuchen für 30 Min. ins Backrohr. Lassen Sie den Kuchen nach dem Backen 15 Min. auskühlen, bevor Sie ihn aus der Form nehmen. Entfernen Sie das Backpapier. Drehen Sie ihn um und lassen Sie ihn auf einem Gitter, vor Zugluft und Feuchtigkeit geschützt, vollständig auskühlen.

4. Bereiten Sie auf dieselbe Weise die fünf weiteren farbigen Kuchen zu.

5. Wenn die Kuchen ausgekühlt sind, flachen Sie sie mit Hilfe eines großen Messers ab, sodass sie alle dieselbe Höhe haben.

6. Legen Sie den violetten Kuchen auf einen Teller. Bestreichen Sie ihn an der Oberseite wie gewohnt mit Buttercreme. Setzen Sie darauf den blauen Kuchen und wiederholen Sie den Vorgang. Stapeln Sie die Kuchen in folgender Reihenfolge übereinander: violett, blau, grün, gelb, orange, rot. Bedecken Sie den Kuchen rundherum mit Buttercreme und überziehen Sie ihn dann mit weißem Fondant.

Der untere Kuchen (Chiffon-Kuchen)

1. Legen Sie die größere Kuchenform (20 cm) mit Backpapier aus. Heizen Sie das Backrohr auf 180 °C vor.

2. Sieben Sie Mehl, Zucker, Salz und Backpulver in eine Schüssel und vermischen Sie alles. Trennen Sie die Eier. Schlagen Sie in einer zweiten Schüssel Eigelb, Fruchtsaft und Öl.

3. Mengen Sie die trockenen Zutaten unter die feuchten. Verrühren Sie alles 2-3 Min. lang mit einem Handmixer.

4. Schlagen Sie das Eiweiß zu sehr steifem Schnee, den Sie vorsichtig unter die restliche

Masse heben. Gießen Sie den Teig in die mit Backpapier ausgelegte Kuchenform. Backen Sie den Kuchen 1 h lang.

5. Lassen Sie den Kuchen 15 Min. auskühlen, bevor Sie ihn aus der Form nehmen. Entfernen Sie das Backpapier. Drehen Sie den Kuchen um und lassen Sie ihn auf einem Gitter, vor Zugluft und Feuchtigkeit geschützt, vollständig auskühlen.

6. Bereiten Sie auf dieselbe Weise noch einen weiteren Kuchen zu. Stellen Sie währenddessen die Erdbeerganache her (unten).

7. Schneiden Sie den ausgekühlten Kuchen der Breite nach durch, sodass zwei Scheiben entstehen, und tragen Sie auf die untere Scheibe eine Schicht Erdbeerganache auf. Setzen Sie den Kuchen wieder zusammen, bestreichen Sie ihn rundherum mit Ganache und überziehen Sie ihn mit weißem Fondant.

Die Erdbeerganache

1. Waschen Sie die Erdbeeren und schneiden Sie sie klein. Lassen Sie sie in einem Topf mit 2 EL Wasser 5–8 Min. kochen. Lassen Sie die Früchte auskühlen und rühren Sie dann kräftig um.

2. Zerhacken Sie die Schokolade grob und geben Sie sie in eine Schüssel.

3. Bringen Sie die Sahne mit der Butter in einem Topf zum Kochen und gießen Sie dann alles über die Schokolade. Rühren Sie mit einem Spachtel um, sodass diese schmilzt. Mengen Sie unter Umrühren nach und nach die Erdbeeren bei. Lassen Sie die Ganache bei Raumtemperatur auskühlen, bevor Sie sie verwenden.

Aufbau und Dekoration

1. Setzen Sie den Regenbogenkuchen auf den größeren Kuchen.

2. Knicken Sie den Alustab auf einer Länge von ca. 7 cm um 60° ab. Stecken Sie den Stab in den Trinkhalm, um den Kuchen vor einem direkten Kontakt mit dem Metall zu schützen. Stecken Sie ihn so in der Mitte von oben nach unten durch die beiden Kuchen. Das geknickte Ende sollte dabei oben aus dem Kuchen hinausstehen.

3. Schneiden Sie aus dem Regenbogenkuchen ein Stück heraus. Achten Sie darauf, dass Sie dabei dem Aluminiumstab nicht zu nahe kommen und ihn so freilegen.

4. Stülpen Sie nun den Pinsel über das abgeknickte Ende des Stabes.

5. Formen Sie aus rotem Fondant einen Farbklecks. Platzieren Sie diesen so, dass er scheinbar vom Pinsel weg über den Regenbogenkuchen nach unten tropft. Befestigen Sie den Klecks, indem Sie ihn mit Hilfe eines Backpinsels leicht anfeuchten.

6. Bilden Sie aus rotem Fondant kleine Kügelchen, die Sie dann zu Tropfen ausformen. Befestigen Sie diese auf einem kleinen Stück Metalldraht und stecken Sie sie neben den Farbklecks in den Regenbogenkuchen.

7. Rollen Sie das letzte Stück roten Fondant aus und bilden Sie daraus einen Farbklecks, den Sie über den unteren Kuchen legen.

Bowling-Zeit

20 Portionen • Arbeitszeit: 5 h • Wartezeit: 48 h • Backzeit: 2 h, 50 Min. • Schwierig

Zutaten

Für den Vier-Viertel-Kuchen mit 10 cm Durchmesser

2 Eier
Mehl mit dem Gewicht von 2 Eiern (= ca. 125 g)
½ Packung Backpulver
Butter mit dem Gewicht von 2 Eiern
Zucker mit dem Gewicht von 2 Eiern
½ TL Vanilleextrakt oder
½ Packung Vanillezucker
1 Prise Salz
Buttercreme (S. 5)
200 g Fondant, himmelblau

Für den Beeren-Fruchtaufstrich

100 g Beeren, tiefgekühlt
½ EL Speisestärke (z. B. Maizena)
½ EL Zitronensaft
1 EL Zucker

Für den Karottenkuchen mit 15 cm Durchmesser

2 Eier
120 g Zucker
150 g Mehl
1 Packung Backpulver
70 ml Öl
1/3 TL Zimt
160 g Karotten, gerieben
40 g Nusskerne
Buttercreme (S. 5)
300 g Fondant, rot

Für die Frischkäse-Creme

50 g Butter
50 g Frischkäse (z. B. Philadelphia®)
35 g Puderzucker
1 Spritzer Zitronensaft

Für den Schokoladenkuchen mit 20 cm Durchmesser

200 g Dessertschokolade, zartbitter
200 g Butter
200 g Mehl
1 Packung Backpulver
4 Eier
200 g Zucker
400 g Fondant, dunkelblau

Für die Schokoladenbuttercreme

100 g Butter, erweicht
30 g Kakaopulver oder 40 g Zartbitterschokolade, zerlassen
150 g Puderzucker
1 Messerspitze Salz
½ TL Vanilleextrakt
2 EL Milch oder flüssige Sahne

Für die Dekoration

200 g Fondant, schwarz
150 g Fondant, weiß
50 g Fondant, gelb
50 g Fondant, blau

Material

Für die Kuchen

1 Kuchenform, rund, Durchmesser: 10 cm
1 Kuchenform, rund, Durchmesser: 15 cm
1 Kuchenform, rund, Durchmesser: 20 cm

Für die Halterung

1 Holzstab, rund, Länge: 40 cm, Stärke: 2 cm
1 Gewindestift, Länge: 3,5 cm, Stärke: 6 mm
3 Holzscheiben, rund, Durchmesser: 10 cm, 15 cm und 20 cm, Stärke: 2 cm
1 Schraubenmutter, flach
2 Nägel, Länge: 3 cm
2 Holzspieße, Länge: 8 cm
Schraubenzieher
Bohrmaschine
Backpinsel
2 Ausstechförmchen, sternförmig, unterschiedliche Größen

Zubereitung

Die Deko-Elemente (2 Tage im Voraus)

1. Formen Sie aus 150 g schwarzem Fondant eine Bowlingkugel mit einem Durchmesser von 5 cm. Rollen Sie etwas weißen Fondant aus und schneiden Sie daraus mit einem Messer die Ziffern Ihrer Wahl aus. Befestigen Sie die Ziffern auf der Bowlingkugel, indem Sie sie mit Hilfe des Backpinsels leicht anfeuchten.

2. Formen Sie aus 75 g weißem Fondant eine kleinere Kugel. Bohren Sie Löcher hinein, sodass sie aussieht wie eine echte Bowlingkugel.

3. Zeichnen Sie mit Hilfe des Musters rechts einen Kegel und schneiden Sie ihn aus. Rollen Sie den Rest des weißen Fondants aus und schneiden Sie davon sieben Kegel aus. Verwenden Sie dafür den Musterkegel. Formen Sie aus dem schwarzen Verschnitt kleine Streifen, die Sie als Dekoration quer über die Kegel kleben. Befestigen Sie diese, indem Sie sie mit Hilfe eines Pinsels leicht anfeuchten.

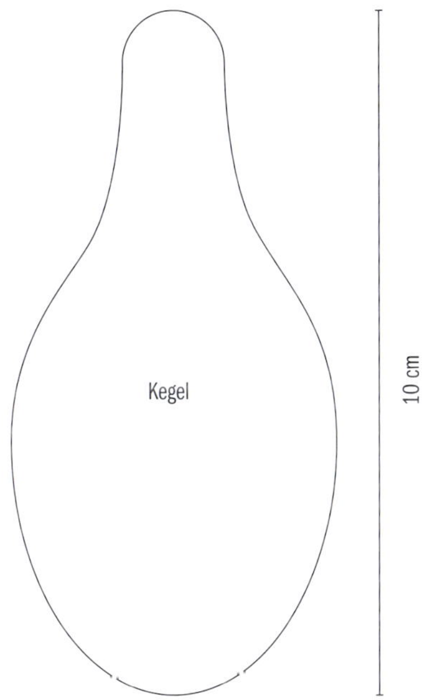

4. Scheiden Sie mit Hilfe desselben Musters aus gelbem Fondant einen Kegel aus. Formen Sie aus rotem Fondant zwei kleine Streifen und befestigen Sie diese am Kegel, indem Sie sie mit Hilfe eines Pinsels leicht anfeuchten.

5. Lassen Sie alles 48 h trocknen.

Die Halterung

1. Bohren Sie an ein Ende des Holzstabs ein 2 cm tiefes Loch. Stecken Sie den Gewindestift in die Bohrung.

2. Bohren Sie in die Mitte der großen Holzscheibe (20 cm) ein 6 mm dickes Loch. Bohren Sie in die kleine Holzscheibe (10 cm) mittig ein schräges, nach links geneigtes Loch mit 2 cm Durchmesser. In die mittelgroße Holzscheibe (15 cm) bohren Sie

14

mittig ein schräges, nach rechts geneigtes Loch mit 2 cm Durchmesser.

3. Drehen Sie die große Scheibe (20 cm) um und bohren Sie mit Hilfe des Schraubenziehers in der Mitte ein Loch, das so breit ist, dass die Schraubenmutter fest darin sitzen kann. Fixieren Sie den Holzstab an der großen Holzscheibe, indem Sie den Gewindestab an die Mutter schrauben.

4. Bohren Sie auf einer Höhe von 15 cm in den Holzstab ein waagrecht verlaufendes, nach links geneigtes Loch. Auf einer Höhe von 35 cm bohren Sie ein schräges, nach rechts geneigtes Loch.

Der obere Kuchen (Vier-Viertel-Kuchen)

1. Sieben Sie Mehl und Backpulver in eine Schüssel und vermischen Sie alles.

2. Zerlassen Sie die Butter. Heizen Sie das Backrohr auf 170 °C vor.

3. Schlagen Sie Eier und Zucker kräftig in einer Schüssel. Mengen Sie die zerlassene Butter bei und vermischen Sie die Zutaten. Geben Sie Mehl, Vanillezucker und Salz zu und rühren Sie so lange, bis eine homogene Masse entsteht.

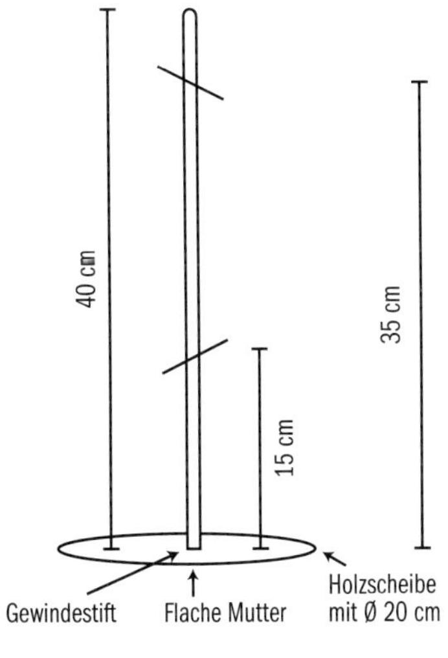

4. Gießen Sie den Kuchenteig in eine befettete und bemehlte Kuchenform mit einem Durchmesser von 10 cm. Geben Sie den Kuchen 50 Min. lang ins Backrohr. Nehmen Sie ihn aus der Form und lassen Sie ihn auf einem Gitter auskühlen.

5. Bereiten Sie währenddessen den Beeren-Fruchtaufstrich vor. Geben Sie dazu alle Zutaten in einen Kochtopf und bringen Sie sie bei schwacher Hitze und unter ständigem Umrühren zum Kochen, sodass eine dickflüssige Masse entsteht. Lassen Sie den Fruchtaufstrich auskühlen, bevor Sie ihn verwenden.

6. Wenn Kuchen und Beerenaufstrich ausgekühlt sind, schneiden Sie den Kuchen der Breite nach in zwei Scheiben. Tragen Sie auf die untere Scheibe Beerenaufstrich auf und setzen Sie den Kuchen wieder zusammen. Bestreichen Sie den Kuchen rundherum mit Buttercreme und überziehen Sie ihn mit himmelblauem Fondant (S. 11).

Der mittlere Kuchen (Karottenkuchen)

1. Heizen Sie das Backrohr auf 170 °C vor.

2. Schlagen Sie in einer Schüssel Eier und Zucker. Geben Sie Mehl, Backpulver und Öl zu und vermischen Sie alles. Würzen Sie mit Zimt und mengen Sie dann die geriebenen Karotten bei. Rühren Sie gut um. Zerhacken Sie die Nusskerne mit einem Messer. Geben Sie sie in die Teigmasse und gießen Sie diese in eine befettete und bemehlte Kuchenform mit einem Durchmesser von 15 cm.

3. Geben Sie den Kuchen für 1 h ins Backrohr. Lassen Sie ihn auskühlen, bevor Sie ihn aus der Form nehmen.

4. Bereiten Sie während des Backens die Frischkäse-Creme zu, indem Sie alle Zutaten in einer Schüssel verrühren.

5. Wenn der Kuchen ausgekühlt ist, schneiden Sie ihn der Breite nach in zwei Scheiben. Bestreichen Sie die untere Scheibe mit Frischkäse-Creme und setzen Sie den Kuchen dann wieder zusammen. Bestreichen Sie den Kuchen rundherum mit But-

tercreme und überziehen Sie ihn mit rotem Fondant (S. 11).

Der untere Kuchen (Schokoladenkuchen)

1. Heizen Sie das Backrohr auf 180 °C vor. Bringen Sie Schokolade und Butter im Wasserbad oder in der Mikrowelle zum Schmelzen.

2. Sieben Sie Mehl und Backpulver in eine Schüssel und vermengen Sie sie. Trennen Sie die Eier.

3. Verrühren Sie in einer Schüssel Eigelb und Zucker. Geben Sie zuerst die zerlassene Schokolade, dann die Mehl-Backpulver-Mischung bei.

4. Schlagen Sie das Eiweiß zu Schnee und heben Sie diesen vorsichtig unter die Masse. Gießen Sie den Teig in die befettete oder mit Backpapier ausgelegte runde Kuchenform (20 cm).

5. Backen Sie den Kuchen 1 h im Backrohr. Achten Sie genau auf die Backzeit – ein zu lange gebackener Kuchen wird trocken und krümelig. Lassen Sie den Kuchen in der Form auskühlen und nehmen Sie ihn dann aus der Form.

6. Bereiten Sie während des Backens die Schokoladenbuttercreme zu (S. 5).

7. Wenn der Kuchen ausgekühlt ist, schneiden Sie ihn der Breite nach in zwei Scheiben. Bestreichen Sie die untere Scheibe mit Schokoladenbuttercreme und setzen Sie den Kuchen dann wieder zusammen. Bestreichen Sie den Kuchen rundherum mit Buttercreme und überziehen Sie ihn mit dunkelblauem Fondant (S. 11).

Aufbau und Dekoration

1. Bohren Sie in die Mitte des großen Kuchens (20 cm) ein Loch mit 2 cm Durchmesser. In den kleinen Kuchen (10 cm) bohren Sie ein schräges, nach links geneigtes Loch mit 2 cm Durchmesser, in die Mitte des mittelgroßen (15 cm) Kuchens ein schräges, nach rechts geneigtes Loch mit 2 cm Durchmesser. Stülpen Sie den großen Kuchen über den Holzstab, bis er unten auf der großen (20 cm) Holzscheibe aufliegt.

2. Stülpen Sie die mittelgroße Holzscheibe (15 cm) über den Holzstab und fixieren Sie sie mit Hilfe eines Nagels. Stülpen Sie den mittelgroßen Kuchen über den Holzstab, bis er auf der Scheibe aufliegt. Wiederholen Sie den Vorgang für den kleinsten Kuchen.

3. Rollen Sie den schwarzen Fondant aus und schneiden Sie drei Bänder mit einer Breite von je 2 cm aus, die lang genug sind, die Holzscheiben zu umrunden. Legen Sie die Bänder um die Kuchen, sodass die Scheiben verdeckt sind. Befestigen Sie sie, indem Sie sie mit Hilfe eines Pinsels leicht befeuchten.

4. Rollen Sie den gelben Fondant aus und stechen Sie daraus Sterne aus. Fixieren Sie die Sterne auf dem mittelgroßen Kuchen, indem Sie sie mit Hilfe eines Pinsels leicht befeuchten. Rollen Sie den dunkelblauen Fondant aus, stechen Sie mit dem kleinsten Ausstechförmchen Sterne aus. Fixieren Sie diese auf dem kleinsten Kuchen, indem Sie sie leicht befeuchten.

5. Kleben Sie auf die Vorderseite des größten Kuchens fünf Kegel. Feuchten Sie diese dafür leicht mit Hilfe eines Pinsels an. Bringen Sie die beiden übrigen weißen Kegel so an, dass sie den Holzstab zwischen dem großen und dem mittelgroßen Kuchen verdecken. Befestigen Sie den gelben Kegel so, dass er den Holzstab zwischen dem mittelgroßen und dem kleinen Kuchen verdeckt.

6. Setzen Sie einen 8 cm langen Holzspieß an den Rand des obersten Kuchens. Fixieren Sie darauf die Bowlingkugel. Setzen Sie die weiße Bowlingkugel auf dieselbe Weise auf den mittleren Kuchen.

Baumhaus

20 Portionen • Arbeitszeit: 2 h • Backzeit: 2 h, 15 Min. • Eher einfach

Zutaten

Für die Biskuitmasse (3 Stück mit folgenden Mengen)

5 Eier
150 g Zucker
150 g Mehl
1 Packung Backpulver
1 Messerspitze Salz
Ganache, zartbitter (S. 8)
680 g Fondant, weiß

Für die Orangencreme

300 ml Orangensaft
½ TL Orangenzesten
70 g Feinkristallzucker
3 EL Speisestärke (z. B. Maizena), aufgelöst in 1 EL Wasser
3 EL Milch
1 EL Olivenöl

Für die Dekoration

6 Packungen Mikado®-Stäbchen mit weißer Schokolade
500 g Fondant, braun
100 g Fondant, dunkelrosa
30 g Fondant, zartrosa
5 g Fondant, weiß
5 g Fondant, schwarz
30 g Fondant, grün

Material

Für den Kuchen

1 Kuchenform, quadratisch, Maße: 15 x 15 cm

Für die Halterung

1 Holzstab, rund, Länge: 40 cm, Stärke: 2 cm
1 Gewindestäbchen, Länge: 4 cm, Stärke: 6 mm
1 Holzplatte, rechteckig, Maße: 40 x 60 cm, Stärke: 2 cm
1 Schraubenmutter, flach
2 Aluminiumstäbe, Länge: 30 cm und 35 cm, Stärke: 8 mm
1 Holzscheibe, rund, Durchmesser: 15 cm, Stärke: 0,5 cm
Metalldrähte in unterschiedlichen Längen (z. B. 5 cm, 7 cm etc.), Stärke: 1 mm
1 kleiner Nagel
Faden, Länge: 60 cm
Feiner Metalldraht, grün
Schraubenzieher
Bohrmaschine

Zubereitung

Der Kuchen (Biskuit)

1. Heizen Sie das Backrohr auf 180 °C vor. Trennen Sie die Eier. Verrühren Sie in einer Schüssel Eigelb und Zucker, geben Sie dann Mehl und Backpulver bei.

2. Schlagen Sie das Eiweiß mit einer Messerspitze Salz zu Schnee und heben Sie diesen vorsichtig unter die Masse.

3. Gießen Sie den Teig in die befettete und bemehlte Kuchenform (15 x 15 cm). Backen Sie den Kuchen 45 Min. im Backrohr. Bereiten Sie auf dieselbe Weise noch zwei weitere Kuchen zu.

Die Orangencreme

1. Geben Sie Orangensaft, Zesten und Zucker in einen Kochtopf. Erhitzen Sie alles bei schwacher Hitze und unter ständigem Umrühren.

2. Mengen Sie die in Wasser aufgelöste Speisestärke, Milch und Olivenöl bei. Rühren Sie um, bis die Masse sich verdickt. Nehmen Sie die Creme vom Herd und lassen Sie sie auskühlen.

Den Kuchen zusammensetzen

1. Wenn Kuchen und Creme ausgekühlt sind, schneiden Sie zwei Kuchen der Breite nach in zwei Scheiben. Bestreichen Sie die jeweils untere Hälfte mit Orangencreme und setzen Sie die Kuchen dann wieder zusammen. Bestreichen Sie die Kuchen rundherum mit Ganache und überziehen Sie sie dann mit weißem Fondant (S. 11).

2. Schneiden Sie den dritten Kuchen diagonal in zwei Hälften, sodass Sie ein Dreieck für das Dach erhalten. Bestreichen Sie das Dreieck rundherum mit Ganache und überziehen Sie es mit weißem Fondant (S. 11).

3. Bestreichen Sie den quadratischen Kuchen an der Oberseite mit Ganache und setzen Sie das Dach darauf.

Die Halterung

1. Bohren Sie an ein Ende des Holzstabs ein 2 cm tiefes Loch. Stecken Sie den Gewindestift in die Bohrung.

2. Bohren Sie in die Mitte der Holzplatte ein 6 mm dickes Loch und rechts und links davon je ein 8 mm dickes Loch. Drehen Sie die Platte um und bohren Sie mit Hilfe des Schraubenziehers in der Mitte ein Loch, das so breit ist, dass die Schraubenmutter fest darin sitzen kann.

3. Befestigen Sie den Holzstab an der großen Holzplatte, indem Sie die flache Mutter unten an den Gewindestift schrauben.

4. Bohren Sie auf einer Höhe von 15 cm in den Holzstab ein waagrecht verlaufendes Loch.

5. Biegen Sie die beiden Aluminiumstäbe zurecht, sodass sie wie Äste eines Baumes aussehen. Stecken Sie sie in die beiden anderen Löcher rechts und links des Holzstabes (S. 61).

6. Bohren Sie in die runde Holzscheibe ein Loch mit 2 cm Durchmesser. Stülpen Sie die Scheibe über den Holzstab und fixieren Sie sie, indem Sie den Nagel in das quer verlaufende Loch stecken. Geben Sie dem Baum weitere Äste, indem Sie die dünneren Metalldrähte um die Aluminiumstäbe wickeln.

Das Haus

1. Bohren Sie in die Mitte des quadratischen Kuchens ein Loch mit einem Durchmesser von 2 cm.

2. Legen Sie die Schrägflächen des Dachs mit Mikado®-Stäbchen aus. Befestigen Sie sie, indem Sie sie mit Hilfe eines Pinsels leicht befeuchten.

3. Schneiden Sie von den übrigen Mikado®-Stäbchen die Enden (ohne Schokolade) ab. Kleiden Sie die Seitenflächen des Hauses mit Stäbchen aus. Fixieren Sie sie, indem Sie sie mit einem Pinsel

leicht befeuchten. Kürzen Sie einige Stäbchen und bringen Sie sie so an, dass eine freie Fläche für ein Fenster bleibt. Lassen Sie das Haus trocknen.

4. Rollen Sie braunen Fondant aus. Schneiden Sie ein Herz aus und kleben Sie dieses oben auf die Fassade des Hauses. Formen Sie aus braunem Fondant einen Rauchfang und befestigen Sie diesen am Dach, indem Sie ihn mit Hilfe eines Pinsels leicht befeuchten.

Die Eule

1. Bilden Sie aus 80 g dunkelrosa Fondant eine Kugel, die Sie dann zu einer Art Dreieck umformen. Formen Sie mit Ihren Fingern zwei Ohren, indem Sie etwas Fondant zurechtzupfen.

2. Rollen Sie den zartrosa Fondant auf einer mit Puderzucker bestaubten Arbeitsfläche aus. Stechen Sie mit einem Trinkhalm kleine Kreise aus. Rollen Sie den Rest des dunkelrosa Fondants aus und gehen Sie genauso vor. Schneiden Sie aus dem zartrosa Fondant zwei ovale Flächen für die Flügel aus.

3. Befestigen Sie die kleinen Kreise auf dem Körper der Eule, indem Sie sie mit Hilfe eines Pinsels leicht befeuchten. Wechseln Sie zwischen zart- und dunkelrosa Kreisen ab. Fixieren Sie an den Seiten die Flügel.

4. Schneiden Sie aus weißem Fondant zwei kleine Kreise aus. Kleben Sie diese als Augen in die Mitte des Gesichts der Eule. Kleben Sie zwei kleine Kügelchen aus schwarzem Fondant als Pupillen in die Augen.

5. Schneiden Sie für die Füße der Eule aus dunkelrosa Fondant zwei kleine Dreiecke aus.

Aufbau und Dekoration

1. Bearbeiten Sie den braunen Fondant mit Ihren Händen vor, sodass er weicher wird. Verkleiden Sie damit den Holzstab und die Alustäbe, sodass ein Baumstamm entsteht. Legen Sie Fondant um alle Äste des Baumes, lassen Sie die Äste an den Spitzen feiner werden. Formen Sie am unteren Ende des Baumstammes Wurzeln, indem Sie den Fondant zurechtziehen. Geben Sie dem Baumstamm ein Relief, indem Sie mit der Spitze eines Messers senkrecht Linien zeichnen.

2. Setzen Sie den Kuchen auf die Halterung.

3. Rollen Sie den grünen Fondant aus und schneiden Sie Blätter aus. Stecken Sie in jedes Blatt als Stiel ein Stück grünen Metalldraht.

4. Basteln Sie aus kurzen Mikado®-Stücken und zwei Stück Faden eine Hängeleiter. Bringen Sie die Leiter an einem der Äste an.

Kunterbunter Kuchenmix

50 Portionen • Arbeitszeit: 12 h • Wartezeit: 48 h • Backzeit: 5 h • Schwierig

Zutaten

Für den quadratischen Schokoladenkuchen mit 20 x 20 cm

200 g Butter
200 g Zartbitterschokolade
200 g Mehl
1 Packung Backpulver (11 g)
4 Eier
200 g Zucker
Schokoladenguss (S. 8)
1 kg Fondant, gelb
150 g Fondant, rosa

Für die Biskuitmasse mit 20 cm Durchmesser

5 Eier
150 g Zucker
150 g Mehl
1 Packung Backpulver
1 Messerspitze Salz
Buttercreme (S. 5)
400 g Fondant, lindgrün

Für die Erdbeercreme

200 g Erdbeeren
2 EL Feinkristallzucker
1 EL Zitronensaft
1 EL Speisestärke, z. B. Maizena

Für den Chiffon-Kuchen mit 15 cm Durchmesser (2 Stück mit folgenden Mengen)

Zutaten: S. 6
Buttercreme: S. 5
900 g Fondant, rosa
100 g Fondant, weiß
50 g Fondant, dunkelrosa

Für die Zitronencreme

2 EL Speisestärke, z. B. Maizena
1 EL Wasser
300 ml Zitronensaft
Zesten von 1 Zitrone
250 g Feinkristallzucker
1 Messerspitze Salz
3 EL Milch
35 g Butter

Für die Deko-Elemente aus Fondant

400 g Fondant, braun
75 g Fondant, violett
100 g Fondant, gelb
75 g Fondant, weiß
75 g Fondant, lindgrün
75 g Fondant, dunkelrosa
100 g Fondant, rosa
75 g Fondant, rot
Zuckerperlen, bunt

Material

Für die Kuchen

1 Kuchenform, quadratisch, Maße: 20 x 20 cm
1 Kuchenform, rund, Durchmesser: 20 cm
1 Kuchenform, rund, Durchmesser: 15 cm
Ausstechförmchen für die Bordüre aus Fondant

Für die Halterung

1 runder Holzstab, Länge: 40 cm, Stärke: 2 cm
1 Gewindestäbchen aus Metall, Länge: 3,5 cm, Stärke: 6 mm
1 Holzplatte, quadratisch, Maße: 20 x 20 cm
1 Schraubenmutter, flach
2 Holzscheiben, rund, Durchmesser: 15 cm und 20 cm
2 Nägel, Länge: 3 cm
3 Holzspieße, Länge: 15 cm
1 Ausstechförmchen, rund, Durchmesser: 4 cm
1 Zahnstocher
2 Papierrollen, Durchmesser: 2 cm
Feiner Metalldraht, grün
Pinsel
Schraubenzieher

Zubereitung

Die Deko-Elemente (2 Tage im Voraus)

1. Der Donut: Formen Sie aus 200 g braunem Fondant eine Kugel. Flachen Sie diese leicht ab, bis sie etwa 3 cm dick ist. Stechen Sie mit einem Finger in die Mitte ein Loch. Rollen Sie den violetten Fondant aus und schneiden Sie daraus eine runde Fläche von der Größe des Donuts aus. Stechen Sie aus der Mitte ein Loch aus und legen Sie den Kreis auf den Donut, sodass er aussieht wie ein Zuckerguss. Fixieren Sie ihn, indem Sie ihn mit Hilfe eines Pinsels leicht anfeuchten.

2. Die bunten Macarons: Rollen Sie gelben Fondant bis zu einer Dicke von etwa 5 mm aus. Stechen Sie mit einem Ausstechförmchen zwei kleine Kreise aus. Flachen Sie die Ränder der Kreise mit Hilfe eines Zahnstochers leicht ab. Stechen Sie mit der Spitze kleine Löcher in die Ränder, um den Plätzchen ihr typisches Aussehen zu geben. Vermischen Sie den übrigen gelben Fondant mit 25 g weißem Fondant und formen Sie eine runde, 5 mm dicke Scheibe mit einem Durchmesser von 4 cm. Setzen Sie das Plätzchen zusammen, indem Sie die drei Schichten mit Hilfe eines Pinsels leicht anfeuchten.

3. Gehen Sie für die restlichen Macarons genauso vor. Formen Sie Plätzchen in den unterschiedlichsten Farben: lindgrün, violett und dunkelrosa.

4. Das Eis: Formen Sie aus 150 g braunem Fondant eine Eistüte. Drücken Sie mit der Rückseite einer Messerklinge überkreuzte Linien in die Tüte, sodass sie an eine echte Waffel erinnert. Befeuchten Sie einen Holzspieß und schieben Sie ihn von oben 5 cm in die Tüte.

5. Die Masche: Rollen Sie rosa Fondant aus und formen Sie daraus ein Rechteck mit 28 x 8 cm. Markieren Sie die Mitte und befeuchten Sie sie leicht mit Hilfe eines Pinsels. Nehmen Sie die beiden Seiten und schlagen Sie sie in die Mitte. Stecken Sie durch jede der Laschen eine Rolle aus Papier. Drücken Sie das Band in der Mitte mit den Fingern sanft zusammen. Lassen Sie es 24 h trocknen. Nach dem Trocknen rollen Sie von neuem Fondant aus und schneiden Sie daraus ein Rechteck mit 8 x 6 cm aus. Falten Sie die Längsränder nach innen und kleben Sie sie fest. Rollen Sie dieses Band um die Schleife und fixieren Sie es, indem Sie es leicht befeuchten.

6. Die Kirschen: Formen Sie aus rotem Fondant drei Kugeln mit einem Durchmesser von je 3 cm. Schneiden Sie aus feinem, grünem Metalldraht kleine Stücke zu und stecken Sie diese als Stängel in die Kirschen.

7. Lassen Sie alles 48 h trocknen.

Die Halterung

1. Bohren Sie an ein Ende des Holzstabs ein 2 cm tiefes Loch. Stecken Sie den Gewindestift in die Bohrung.

2. Bohren Sie in die Mitte der quadratischen Holzplatte ein 6 mm dickes Loch. Drehen Sie die Platte um und bohren Sie mit Hilfe des Schraubenziehers in der Mitte ein Loch, das so breit ist, dass die Schraubenmutter fest darin sitzen kann. Fixieren Sie den Holzstab an der Holzplatte, indem Sie den Gewindestab an der Mutter festschrauben.

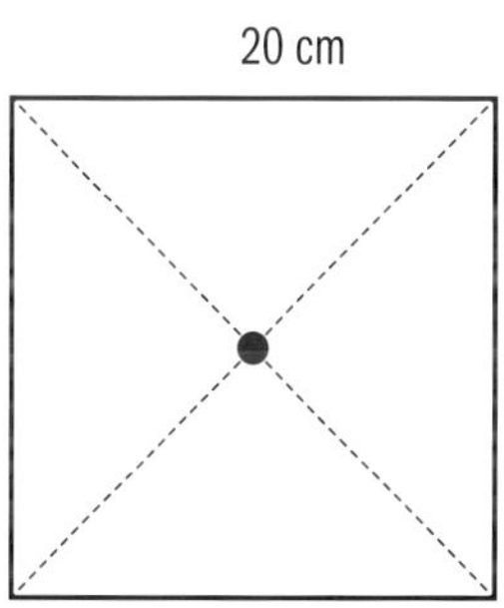

3. Zeichnen Sie quer durch die größere runde Holzscheibe (20 cm) eine Linie, sodass zwei gleich große Hälften entstehen. Markieren Sie 4 cm vom linken Rand entfernt einen Punkt auf der Linie. Bohren Sie dort ein 2 cm dickes, schräg nach links verlaufendes Loch.

4. Zeichnen Sie quer durch die kleinere runde Holzscheibe (15 cm) eine Linie. Markieren Sie den Mittelpunkt. Bohren Sie dort ein 2 cm dickes, schräg nach rechts verlaufendes Loch.

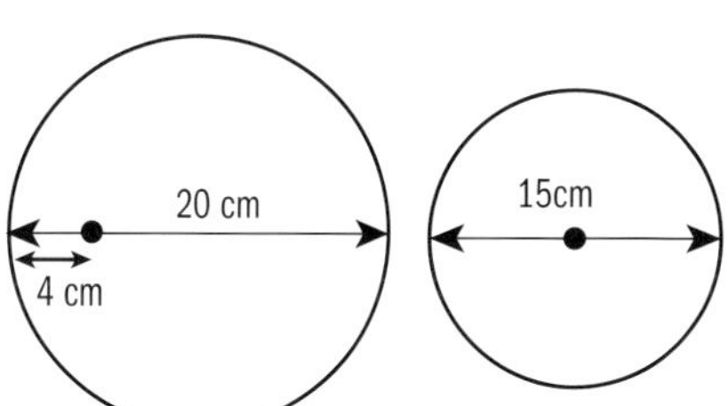

5. Bohren Sie in den Holzstab zwei quer verlaufende Löcher: ein nach rechts geneigtes auf 15 cm Höhe und ein nach links geneigtes auf 35 cm Höhe.

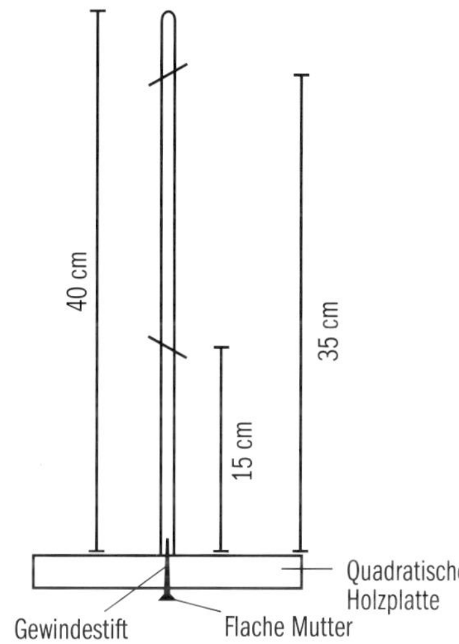

Der quadratische Kuchen (Schokoladenkuchen)

1. Heizen Sie das Backrohr auf 180 °C vor. Bringen Sie Butter und Schokolade im Wasserbad oder in der Mikrowelle zum Schmelzen. Sieben und vermengen Sie Mehl und Backpulver.

2. Verrühren Sie in einer Schüssel Eigelb und Zucker. Geben Sie zuerst die zerlassene Schokolade, dann das Mehl bei. Schlagen Sie das Eiweiß zu Schnee und heben Sie diesen vorsichtig unter die Masse.

3. Gießen Sie den Teig in die befettete oder mit Backpapier ausgelegte quadratische Kuchenform. Backen Sie ihn 1 h lang.

4. Achten Sie genau auf die Backzeit – ein zu lange gebackener Kuchen wird trocken und krümelig. Lassen Sie den Kuchen in der Form auskühlen und nehmen Sie ihn aus der Form, wenn Sie mit dem Dekorieren beginnen möchten.

5. Bereiten Sie während des Backens den Schokoladenguss vor.

6. Bedecken Sie den Schokoladenkuchen mit Schokoladenguss. Lassen Sie ihn auskühlen. Überziehen Sie den Kuchen dann mit gelbem Fondant.

Der mittlere Kuchen (Biskuit)

1. Heizen Sie das Backrohr auf 180 °C vor. Trennen Sie die Eier. Verrühren Sie in einer Schüssel Eigelb und Zucker, geben Sie dann Mehl und Backpulver bei.

2. Schlagen Sie das Eiweiß mit einer Messerspitze Salz zu Schnee und heben Sie diesen vorsichtig unter die Masse.

3. Gießen Sie den Teig in die befettete und bemehlte runde Kuchenform (20 cm). Backen Sie den Kuchen 45 Min. lang im Backrohr. Nehmen Sie den Kuchen aus der Form und lassen Sie ihn auskühlen.

4. Bereiten Sie während des Backens die Erdbeercreme zu: Verrühren Sie in einem Küchenmixer Erdbeeren und Feinkristallzucker. Vermengen Sie in einer Schüssel Zitronensaft und Speisestärke. Geben Sie die Mischung zu den übrigen Zutaten in den Küchenmixer und verrühren Sie alles. Gießen Sie die Masse in einen Kochtopf und erhitzen Sie sie bei schwacher Hitze und unter ständigem Umrühren, bis sie sich verdickt (5 Min.). Lassen Sie sie auskühlen.

5. Wenn der Kuchen ausgekühlt ist, schneiden Sie ihn der Breite nach durch. Tragen Sie auf die untere Scheibe Erdbeercreme auf und setzen Sie die beiden Hälften dann wieder zusammen. Bestreichen Sie den Kuchen rundherum mit Buttercreme und überziehen Sie ihn mit lindgrünem Fondant.

Der obere Kuchen (Chiffon-Kuchen)

1. Legen Sie die Kuchenform (15 cm) mit Backpapier aus. Heizen Sie das Backrohr auf 180 °C vor.

2. Sieben Sie Mehl, Zucker, Backpulver und Salz in eine Schüssel und vermischen Sie alles. Trennen Sie die Eier. Schlagen Sie in einer zweiten Schüssel Eigelb, Öl und Fruchtsaft.

3. Mengen Sie die trockenen Zutaten unter die feuchten. Verrühren Sie alles 2–3 Min. lang mit einem Handmixer.

4. Schlagen Sie das Eiweiß zu sehr steifem Schnee, den Sie vorsichtig unter die restliche Masse heben. Gießen Sie den Teig in die mit Backpapier ausgelegte Form. Backen Sie den Kuchen 1 h lang.

5. Lassen Sie den Kuchen 15 Min. auskühlen, bevor Sie ihn aus der Form nehmen. Entfernen Sie das Backpapier. Drehen Sie den Kuchen um und lassen Sie ihn auf einem Gitter, vor Zugluft und Feuchtigkeit geschützt, vollständig auskühlen. Stellen Sie auf dieselbe Weise noch einen zweiten Kuchen her.

6. Bereiten Sie während des Backens die Zitronencreme zu: Vermischen Sie die Speisestärke mit 1 EL kaltem Wasser, sodass eine cremige Mischung entsteht. Geben Sie Zitronensaft, Zitronenzesten, Zucker und eine Messerspitze Salz in einen Kochtopf und erhitzen Sie die Mischung bei schwacher Hitze. Wenn der Zucker geschmolzen ist, mengen Sie die Speisestärke-Wasser-Mischung und die Milch bei. Rühren Sie um, bis die Masse sich verdickt, geben Sie dann die Butter zu. Lassen Sie die Creme noch einige Minuten unter ständigem Umrühren köcheln. Nehmen Sie sie vom Ofen und lassen Sie sie auskühlen.

7. Wenn die beiden Chiffon-Kuchen ausgekühlt sind, setzen Sie sie zu einem Kuchen zusammen. Tragen Sie dazu auf den unteren die Zitronencreme auf. Sie können auch jeden der beiden Kuchen der Breite nach durchschneiden und auf diese Weise drei Zitronencreme-Schichten einziehen. Bestreichen Sie den Kuchen rundherum mit Buttercreme und überziehen Sie ihn mit rosa Fondant.

Aufbau und Dekoration

1. Bohren Sie in die Mitte des quadratischen Kuchens ein Loch mit 2 cm Durchmesser. Bohren Sie in den größeren runden Kuchen (20 cm) etwa 4 cm vom Rand entfernt ein nach links geneigtes Loch mit 2 cm Durchmesser. In die Mitte des kleinen runden Kuchens (15 cm) bohren Sie ein nach rechts geneigtes Loch mit 2 cm Durchmesser.

2. Stülpen Sie den quadratischen Kuchen über den Holzstab, bis er unten auf der quadratischen Holzplatte aufliegt. Stülpen Sie dann die größere runde

Scheibe (20 cm) über den Holzstab. Fixieren Sie sie, indem Sie einen Nagel in das quer verlaufende Loch (Höhe: 15 cm) stecken. Setzen Sie den größeren runden Kuchen (20 cm) auf diese Scheibe. Stülpen Sie dann die kleinste Holzscheibe über den Holzstab und fixieren Sie sie mit Hilfe eines Nagels auf einer Höhe von 35 cm. Setzen Sie darauf den kleinen runden Kuchen.

3. Rollen Sie weißen Fondant aus. Schneiden Sie ihn an den Rändern wellenförmig zu. Legen Sie ihn auf den rosa Kuchen. Befestigen Sie die Decke, indem Sie sie mit Hilfe eines Pinsels leicht befeuchten. Formen Sie aus weißem Fondant drei kleine Schlangen. Legen Sie sie jeweils kreisförmig nebeneinander auf den obersten Kuchen. Fixieren Sie sie, indem Sie sie leicht befeuchten. Setzen Sie die Kirschen in die Kreise.

4. Setzen Sie drei Macarons übereinander auf einen Holzspieß. Achten Sie dabei darauf, das oberste Plätzchen nicht komplett zu durchdringen. Stecken Sie den Spieß in den rosa Kuchen. Rollen Sie rosa Fondant aus und stellen Sie mit Hilfe der Ausstechförmchen ein Bordürenband her. Bringen Sie das Band rund um den unteren Kuchenrand an, sodass es die Holzscheibe verdeckt. Formen Sie aus weißem und dunkelrosa Fondant je zwei lange Schlangen. Legen Sie die Schlangen rund um den Kuchen. Fixieren Sie sie, indem Sie sie mit Hilfe eines Pinsels leicht befeuchten.

5. Zerreißen Sie rosa und gelben Fondant und fixieren Sie die Stücke auf der Eistüte, sodass sie wie Eiscreme aussehen. Rollen Sie etwas gelben Fondant aus und schneiden Sie daraus einen Klecks aus. Befestigen Sie diesen auf dem Kuchen, indem Sie ihn mit Hilfe eines Pinsels leicht befeuchten. Setzen Sie das Eis verkehrt herum auf den gelben Eisklecks. Rollen Sie lindgrünen Fondant aus und stellen Sie mit Hilfe der Ausstechförmchen ein Bordürenband her. Bringen Sie das Band rund um den unteren Kuchenrand an, sodass es die Holzscheibe verdeckt.

6. Stecken Sie den Donut auf einen Holzspieß. Achten Sie dabei darauf, dass der Spieß nicht durch den inneren Kreis verläuft. Befeuchten Sie die Oberfläche des Donuts und bestreuen Sie sie mit bunten Zuckerperlen. Setzen Sie den Donut so auf den mittleren Kuchen, dass er den Holzstab der Halterung verdeckt.

7. Rollen Sie rosa Fondant aus und schneiden Sie mit Hilfe eines Ausstechförmchens 3 cm breite (Bordüren-)Bänder aus. Bringen Sie das Band rund um den unteren Kuchenrand an, sodass es die Holzplatte verdeckt. Legen Sie dann das restliche Band über den Kuchen, sodass es wie ein Geschenkband aussieht. Fixieren Sie es, indem Sie es mit Hilfe eines Pinsels leicht befeuchten. Befestigen Sie die Masche auf dem Kuchen so, dass sie den Holzstab der Halterung verdeckt.

Verkehrte Hochzeitstorte

35 Portionen • Arbeitszeit: 10 h • Wartezeit: 48 h • Backzeit: 5 h • Sehr schwierig

Zutaten

Für die Vier-Viertel-Kuchen (3 Stück mit folgenden Mengen; 1 Stück mit 10 cm Durchmesser, 2 Stück mit 15 cm Durchmesser)

2 Eier
Mehl mit dem Gewicht von 2 Eiern (= ca. 125 g)
½ Packung Backpulver
Butter mit dem Gewicht von 2 Eiern
Zucker mit dem Gewicht von 2 Eiern
½ TL Vanilleextrakt oder ½ Packung Vanillezucker
1 Prise Salz
Buttercreme (S. 5)
600 g Fondant, grau
Kleine Zuckerperlen, schwarz

Für die weiße Ganache

200 g weiße Schokolade
75 ml flüssige Sahne, 30 % Fett

Für die Nutella-Ganache

200 g Milchschokolade
200 ml flüssige Sahne, voller Fettgehalt
50 g Nutella

Für den Chiffon-Kuchen (2 Stück mit folgenden Mengen)

185 g Mehl
165 g Zucker
1 Packung Backpulver
2 g Salz
5 Eier
120 ml Öl
120 ml Orangen-, Zitronen-, Beeren- oder Ananassaft
Buttercreme (S. 5)
500 g Fondant, grau

Für die Erdbeer-Ganache

200 g weiße Schokolade
300 g Erdbeeren, tiefgekühlt
75 ml flüssige Sahne, 30 % Fett

Für die Dekoration

200 g Fondant, hellgrau

Material

Für die Kuchen

1 Kuchenform, rund, Durchmesser: 10 cm
1 Kuchenform, rund, Durchmesser: 15 cm
1 Kuchenform, rund, Durchmesser: 20 cm
Ausstechförmchen in Blütenform
Messer
Backpinsel
Eierkartons
Sieb
Ausstechförmchen für die Bordürenbänder aus Fondant

Für die Halterung

1 Holzplatte, rechteckig, Maße: 40 x 60 cm, Stärke: 3 cm
1 Stab aus Stahl, Länge: 1 m, Stärke: 1 cm
1 Holzstab, rund, Länge: 40 cm, Stärke: 1 cm
3 Holzscheiben, Durchmesser: 10 cm, 15 cm und 20 cm, Stärke: 2 cm
3 Nägel
Bohrmaschine
Dicker Metalldraht + Mutter
Feiner Metalldraht

Zubereitung

Die Deko-Blüten (2 Tage im Voraus)

1. Rollen Sie hellgrauen Fondant aus und stechen Sie mit einem Ausstechförmchen Blüten aus. Drücken Sie mit der Rückseite einer Messerklinge kleine Rillen in die Blütenblätter, um ihnen ein Relief zu geben.

2. Legen Sie die Blüten in Eierkartons, damit sie eine rundliche Form erhalten. Lassen Sie sie 48 h trocknen.

Die Halterung

1. Bohren Sie in die rechteckige Holzplatte, 10 cm vom Rand entfernt, ein 1 cm dickes Loch.

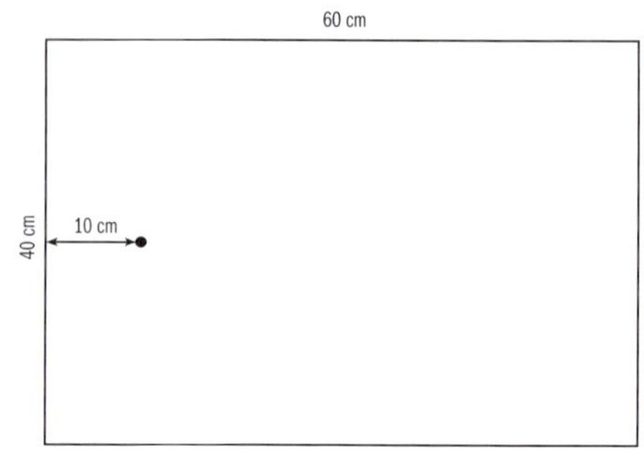

2. Bohren Sie in das Ende des Stahlstabes ein kleines Loch. Knicken Sie das Ende leicht ab.

3. Bohren Sie in den Holzstab vier quer verlaufende Löcher: eines an jedem Ende, eines in einer Höhe von 10 cm und eines in einer Höhe von 23 cm.

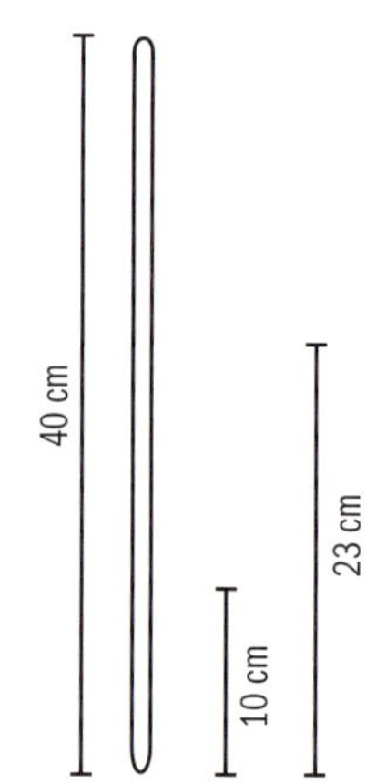

4. Bohren Sie in die Mitte jeder Holzscheibe ein 1 cm dickes Loch.

Der kleine und der mittlere Kuchen (Vier-Viertel-Kuchen)

1. Sieben Sie Mehl und Backpulver in eine Schüssel und vermischen Sie alles.

2. Zerlassen Sie die Butter. Heizen Sie das Backrohr auf 170 °C vor.

3. Schlagen Sie Eier und Zucker kräftig in einer Schüssel. Mengen Sie die zerlassene Butter bei und vermischen Sie die Zutaten. Geben Sie Mehl, Vanillezucker und Salz zu und rühren Sie so lange, bis eine homogene Masse entsteht.

4. Gießen Sie den Kuchenteig in eine befettete und bemehlte Kuchenform mit einem Durchmesser von 10 cm. Backen Sie den Kuchen 50 Min. lang. Nehmen Sie ihn dann aus der Form und lassen Sie ihn auf einem Gitter auskühlen.

5. Bereiten Sie auf dieselbe Weise zwei weitere Kuchen mit je 15 cm Durchmesser zu.

Der große Kuchen (Chiffon-Kuchen)

1. Legen Sie die große Kuchenform mit Backpapier aus. Heizen Sie das Backrohr auf 180 °C vor.

2. Sieben Sie Mehl, Zucker, Backpulver und Salz in eine Schüssel und vermischen Sie alles. Trennen Sie die Eier. Schlagen Sie in einer zweiten Schüssel Eigelb, Öl und Fruchtsaft.

3. Mengen Sie die trockenen Zutaten unter die feuchten. Verrühren Sie alles 2–3 Min. lang mit einem Handmixer.

4. Schlagen Sie das Eiweiß zu sehr steifem Schnee, den Sie vorsichtig unter die restliche Masse heben. Gießen Sie den Teig in die mit Backpapier ausgelegte Kuchenform. Backen Sie den Kuchen 1 h lang.

5. Lassen Sie den Kuchen 15 Min. auskühlen, bevor Sie ihn aus der Form nehmen. Entfernen Sie das Backpapier. Drehen Sie den Kuchen um und lassen Sie ihn auf einem Gitter, vor Zugluft und Feuchtigkeit geschützt, vollständig auskühlen. Stellen Sie auf dieselbe Weise einen zweiten Kuchen her.

Die Cremes

1. Bereiten Sie die weiße Ganache zu: Zerhacken Sie die weiße Schokolade und geben Sie sie in eine Schüssel. Bringen Sie die Sahne in einem Topf zum Kochen. Wenn die Sahne gerade zu kochen beginnt, nehmen Sie diese von der Platte und gießen Sie sie über die weiße Schokolade. Rühren Sie um, bis die Schokolade geschmolzen ist. Lassen Sie die Ganache bei Raumtemperatur auskühlen.

2. Bereiten Sie die Nutella-Ganache zu: Zerhacken Sie die Schokolade und geben Sie sie in eine Schüssel. Bringen Sie die Sahne in einem Topf zum Kochen. Gießen Sie die kochende Sahne über die Schokolade und rühren Sie mit einem Spachtel um, sodass diese schmilzt.

3. Rühren Sie die Nutella unter. Lassen Sie die Ganache an einem kühlen Ort 10 Min. auskühlen.

4. Bereiten Sie die Erdbeer-Ganache zu: Zerhacken Sie die Schokolade. Geben Sie die tiefgekühlten Erdbeeren in einen Kochtopf und erwärmen Sie sie

bei schwacher Hitze. Entkernen Sie die Erdbeeren, indem Sie sie durch ein Sieb drücken. Bringen Sie die Sahne in einem Topf zum Kochen und gießen Sie sie dann über die zerhackte Schokolade. Rühren Sie um, bis die Schokolade geschmolzen ist, mengen Sie dann die Erdbeeren bei. Rühren Sie alles gut durch. Lassen Sie die Ganache bei Raumtemperatur auskühlen.

Die Kuchen zusammensetzen

1. Schneiden Sie den kleinen Kuchen (10 cm) der Breite nach in zwei Scheiben. Tragen Sie auf die untere Scheibe weiße Ganache auf und setzen Sie den Kuchen dann wieder zusammen. Bestreichen Sie ihn rundherum mit weißer Ganache und überziehen Sie ihn mit grauem Fondant.

2. Setzen Sie zwei Kuchen mit 15 cm Durchmesser zusammen. Bestreichen Sie sie mit Nutella-Ganache, lassen Sie diese einziehen. Überziehen Sie den Kuchen dann mit grauem Fondant.

3. Setzen Sie die beiden Kuchen mit 20 cm Durchmesser übereinander. Tragen Sie dazu auf den unteren Erdbeer-Ganache auf. Sie können auch jeden der beiden Kuchen der Breite nach durchschneiden und auf diese Weise drei Erdbeer-Ganache-Schichten einziehen. Bestreichen Sie den Kuchen rundherum mit Erdbeer-Ganache. Lassen Sie diese einziehen und überziehen Sie den Kuchen mit grauem Fondant.

Aufbau und Dekoration

1. Bohren Sie in die Mitte jedes Kuchens ein 1 cm dickes Loch. Setzen Sie jeden Kuchen auf seine Halterung.

2. Zeichnen Sie mit dem Rücken eines Messers Schräglinien in den kleinsten Kuchen, die einander kreuzen. Setzen Sie in jeden Kreuzungspunkt eine Zuckerperle. Befestigen Sie die Perlen, indem Sie sie leicht anfeuchten.

3. Rollen Sie grauen Fondant aus und stellen Sie mit Hilfe eines Ausstechförmchens Bordürenbänder her. Legen Sie diese rund um den unteren Rand des kleinsten (10 cm) Kuchens, sodass die Holzscheibe verdeckt wird, und rund um den oberen Rand des mittleren Kuchens. Dekorieren Sie die Bordüren mit Zuckerperlen.

4. Formen Sie aus Fondant kleine Kugeln und legen Sie diese rund um den untersten Rand des größten (20 cm) Kuchens. Befestigen Sie sie, indem Sie sie mit Hilfe eines Pinsels leicht befeuchten. Bilden Sie auf dieselbe Weise den unteren Rand des mittleren (15 cm) Kuchens.

5. Stülpen Sie den kleinsten (10 cm) Kuchen mitsamt der Holzscheibe über den Holzstab. Fixieren Sie ihn, indem Sie einen Nagel in das unterste quer verlaufende Loch schieben. Stülpen Sie dann den mittleren Kuchen mitsamt der Holzscheibe über den Stab und fixieren Sie ihn auf dieselbe Weise. Stülpen Sie den größten Kuchen über den Holzstab und fixieren Sie ihn. Fädeln Sie ein Stück dicken Metalldraht in das oberste Loch im Holzstab.

6. Befestigen Sie den Holzstab, indem Sie den Metalldraht in das Loch im Metallstab einführen und verschließen. Stecken Sie den Metallstab in die rechteckige Holzplatte.

7. Formen Sie aus Fondant weitere kleine Kugeln und fädeln Sie diese auf einen langen feinen Metallfaden auf, sodass eine Kette entsteht. Befestigen Sie die Kette am unteren Rand des mittleren Kuchens.

8. Setzen Sie in beliebiger Anordnung Blüten auf den größten Kuchen. Befestigen Sie sie, indem Sie sie mit Hilfe eines Pinsels anfeuchten.

Aus unserem Programm

ISBN 978-3-7020-1447-6

ISBN 978-3-7020-1357-8

ISBN 978-3-7020-1361-5

ISBN 978-3-7020-1013-3

Leopold Stocker Verlag

www.stocker-verlag.com

Graz – Stuttgart

RED RED
Wilton
ROJO ROJO, ROUGE ROUGE
GOLDEN YELLOW
Wilton
AMARILLO DE ORO, JAUNE D'OR
ROYAL BLUE
Wilton
Icing Colours
Red Red
Colores de gel
Rojo-Rojo
Gel concentrado